Gerhard Burtscher

Spuren von Glück

Ein original **HASENZAHN**© Lesebuch
Einzigartig, unvollkommen, liebenswert.

Bibliografische Information der Deutschen
Nationalbibliothek:
Die Deutsche Nationalbibliothek verzeichnet diese
Publikation in der Deutschen Nationalbibliografie;
detaillierte bibliografische Daten sind im Internet über
http://dnb.dnb.de abrufbar.

©2019 Gerhard Burtscher (www.gerhard-burtscher.at)
Layout und Umschlaggestaltung: Gerhard Burtscher
Lektorat: Karin Burtscher
Herstellung und Verlag:
BoD - Books on Demand, Norderstedt
ISBN: 9 783 749 467 693

Für alle, die mich an ihrem Leben und ihren Ansichten teilhaben ließen und mir so die Ideen für viele meiner Geschichten geliefert haben.

Inhalt

Einleitung

Als Jonathan K. an besagtem Morgen vorsichtig das Brett entfernte, das er seit Tagen vor dem Kopf hatte, konnte er sehen, dass sein Leben gar nicht so übel war. Er erinnerte sich in diesem Moment zwar noch an den Schmerz, den er empfand, als seine Frau ihn am Sonntag zuvor Knall auf Fall verlassen hatte, aber er staunte nicht schlecht, als sein Blick plötzlich frei wurde auf einen Neuanfang. Auf ein Leben mit Muße für seine Modelleisenbahn, mehr Zeit für seine Freunde und ohne Gezeter.

Zum ersten Mal verstand er die Weisheit seiner Mutter, die immer gesagt hatte, dass es kein Unglück gäbe, dem nicht auch ein Glück anhaften würde und keine Dunkelheit, an deren Ende nicht ein Licht auszumachen wäre.

Von dieser Art Wissen um das Leben handeln die Geschichten in diesem Buch.

Die meisten Namen in diesem Buch sind frei erfunden. Ähnlichkeiten mit noch lebenden Personen können nicht ausgeschlossen werden. Die Erzählungen weichen von der Wahrheit gelegentlich ab. Einige sind reine Fiktion.

Der Menschenfischer

Es war irgendwann im Frühling 1968. Ein warmer, sonniger Tag. Der große Saal des alten Filmtheaters war bis auf den letzten Platz besetzt. Der alljährlich stattfindende Vortragswettbewerb des Landes hatte auch dieses Mal die besten Redner aus allen teilnehmenden Schulen auf den Plan gerufen. „Genesis oder die Geschichte der Schöpfung" lautete das vorgegebene Thema.

Der Bursche, der eben die Bühne betreten hatte, war der fünfte Kandidat, der ins Rennen ging. Er schien jünger zu sein als seine Mitbewerber, unbekümmerter, und es war ein Blitzen in seinen Augen, das aufmerken ließ. Maximal siebzehn, dachte ich. Zaundürr, dunkle Schlaghose, ein bügelfreies Hemd der Marke „Schwarze Rose" mit weit offenem Kragen und hochgekrempelten Ärmeln, runde Nickelbrille, lockiges, verwuscheltes Haar. Seine Vorredner waren allesamt in Anzug und Krawatte angetreten. Einige im Auditorium schienen ihn zu kennen, denn unmittelbar nach seinem Erscheinen setzte ein Raunen ein.

Nachdem er sich am Rednerpult eingerichtet hatte, hob er die rechte Hand und ließ seinen Blick wie in Zeitlupe über die Zuhörer wandern. Er schien seinen Auftritt zu genießen.

Im Publikum wurde es still. Der Junge deutete eine Verbeugung an und legte los.

„Meine sehr verehrten Damen und Herren, geschätzte Lehrerinnen und Lehrer, liebe Eltern!"

Ruhig und fest klang seine Stimme.

„Es ist mir eine große Ehre, heute hier vor Ihnen zu stehen und meine Gedanken zur Schöpfungsgeschichte ausbreiten zu dürfen. Wie auch die Mitstreiter, die vor mir gesprochen haben, werde ich mich bemühen, mich kurz zu fassen und das Wesentliche zügig herauszuarbeiten, um Ihre Geduld nicht unnötig zu strapazieren. Seien Sie nachsichtig mit mir, wenn diese meine Absicht nicht in jedem Detail von Erfolg gekrönt sein sollte.

,Er ist ja noch ein Kind', würde meine Mutter sagen und mir damit den Kredit einräumen, den ich dringend brauche, um meiner Nervosität Herr zu werden und meine Anspannung zu überwinden. Wenn Sie zu einer ebensolchen Geste bereit sind, werde ich Sie nicht enttäuschen."

Er tat einen tiefen Atemzug, stützte sich mit beiden Händen auf dem Rednerpult ab und richtete sich auf.

„Nun denn", fuhr er fort. „Über die Entstehung der Schöpfung im Allgemeinen und die des Menschen im

Besonderen gibt es, wie Sie alle wissen, eine Vielzahl von Annahmen und Geschichten. Ich für meinen Teil habe seit jeher die Version der katholischen Kirche den kruden Theorien irgendwelcher Verschwörungstheretiker vorgezogen. Zum einen, weil für mich der im Alten Testament beschriebene siebentägige Schöpfungsprozess einfacher zu verstehen ist als die Theorie vom Urknall oder die schrägen Mutmaßungen über unsere Abstammung vom Affen und zum anderen, weil ich damit in der Tradition meiner Väter stehe und so kein neues Fass aufmachen muss. Will heißen, diesen Punkt werde ich nicht näher beleuchten.

Mich beschäftigte bei der Vorbereitung dieser Rede ein ganz anderes Thema, über das ich sprechen möchte, nämlich die weithin unhinterfragte Annahme, dass der Mensch die Krone der Schöpfung sei. Bei allem, was ich bislang vom Leben verstanden, gesehen und gehört habe, kam ich damit nur schwer klar. Wie tief, so fragte ich mich, müssen die Abgründe der Schöpfung gewesen sein, wenn da, wo der Mensch stand, oben war? Wurden Kronen zum Anbeginn der Zeit vielleicht an den Füßen getragen?

Was muss in den Herrn gefahren sein, als er dem Menschen, in Kenntnis seiner moralischen Bandbreite, die Hoheit über die Erde übertrug? Was müssen sich Pflanzen und Tiere gedacht haben, als genau diese Kreatur den Führungsauftrag über das Paradies

erhalten hatte? Warum wurden nicht das paarungs-
freudige Kaninchen oder das possierliche Eichhörn-
chen mit dieser Aufgabe betraut oder, noch besser,
der prächtige Löwe?

Der Mensch muss auf jeden Fall die Aufforderung
Gottes: „Macht Euch die Erde untertan!" gründlich
missverstanden haben, denn auch bei freizügigster
Deutung dieser Worte kann ich nicht herauslesen,
dass damit die Zerstörung der Schöpfung gemeint
war. Auch den Aufruf zu Kriegsführung, Unterdrü-
ckung und Ausrottung der Arten, inklusive der eige-
nen, finde ich nicht in diesen Worten.

Also fragte ich mich: Was ist da schiefgelaufen?

Der einzige Schluss, der mir einleuchtend er-
schien, war die Annahme, dass Gott in einem Mo-
ment der Erschöpfung oder der Ablenkung – immer-
hin hatte er sechs Tage Dauerstress – das eine oder
andere entglitten ist und der Mensch, ähnlich dem
Geist, den man gerufen hat, nicht mehr in die Flasche
zurück wollte.

Wäre diese These richtig, würde sich aber die Fra-
ge in den Vordergrund drängen, ob Gott wahrhaft
vollkommen ist. Das zu beurteilen, fühlte ich mich
nicht in der Lage und so setzte ich mir das Ziel, Ihnen
anstelle dessen einen Beweis göttlicher Genialität zu
liefern."

Der Junge nahm einen großen Schluck Wasser
und hob die Stimme.

„Und hier, meine Damen und Herren, wurde ich gleich mehrfach fündig, sodass ich mich gezwungen sah, eine Art Hitliste der Genialität Gottes anzufertigen. Meine Redezeit erlaubt es mir nicht, auf Einzelheiten und nachrangige Ergebnisse einzugehen, aber ich kann Ihnen den Sieger präsentieren und der ist, was Sie vielleicht überraschen wird, eindeutig weiblicher Natur.

Die Frau, also das menschliche Wesen, das Gott aus der Rippe des ersten Mannes gemacht hat, steht im Ranking an vorderster Stelle. War Adam, der Mann, noch eine Art Prototyp, so war das, was Gott aus seiner Rippe geschaffen hatte, von schier überirdischer Vollkommenheit. Wer einmal die bleiche Optik eines männlichen Brustknochens mit der Tiefe und Schönheit eines Weibes verglichen hat, weiß, wovon ich rede.

Die Frau war also die finale Version des Menschen. Das hatte ich jetzt herausgefunden. Wo aber hin mit der Nullserie? War Gott je versucht, sie unter den Tisch fallen zu lassen, ihr Vorhandensein zu leugnen?

Mitnichten.

Weise und nachsichtig wies er die Schöpfung an, dem Mann trotz aller Erbärmlichkeit seine Existenzberechtigung in der Evolution zu erhalten. Und so geschah es. Genau genommen haben zwei Dinge das Überleben des Mannes gesichert: ein winziger

Wurmfortsatz von variabler Länge und die permanente Bereitschaft zur Anbetung der Frau."

Weiter kam er nicht.

Der Rest seiner Worte ging in lautem Gelächter und ohrenbetäubendem Beifall unter. Eine Gruppe Jugendlicher skandierte lautstark seinen Namen. Die Gesichtszüge der anwesenden Lehrer wirkten seltsam versteinert. Eine Mutter hielt sich die Hand vor den Mund, so, als wäre sie gerade des Leibhaftigen ansichtig geworden. Ihre Augen waren weit aufgerissen.

Da erhob sich aus der Mitte der Juroren ein mir unbekannter alter Herr und bahnte sich den Weg zur Bühne. Er ging gebeugt an einem Stock und achtete auf seine Schritte. Als er das Rednerpult erreicht hatte, wurde es still im Saal. Der Junge machte Anstalten sich zurückzuziehen.

„Bleiben Sie hier, junger Mann", forderte der Alte ihn mit ruhiger Stimme auf. „Ich bin nur gekommen, um Ihnen zu danken. Sie haben uns alle auf die Folter gespannt, uns zum Lachen gebracht und mit uns gespielt. Sie haben das wunderbar gemacht. Aber da ist noch etwas, was ich Ihnen sagen will."

Er legte den Stock zur Seite und fasste mit beiden Händen die Handgelenke des Buben. Dann fixierte er ihn mit seinem Blick. Mit jedem Satz, der jetzt folgte, schüttelte er diese Handgelenke, als wollte er alles, was er sagte, für immer in seinem Gegenüber verankern.

„In Ihnen stecken ein großes Talent, kühne Gedanken und erste Umrisse von Visionen, aber Sie sind sich ihrer so wenig bewusst, wie Sie sich Ihrer selbst bewusst sind. Sie spielen achtlos mit diesen großen Gaben, verstecken sich hinter der Figur eines Clowns, würden Ihre Mutter für eine Pointe verkaufen. Doch Sie geben nichts von dem her, was Sie wirklich bewegt, weil Ihnen irgendjemand beigebracht hat, dass das, was Sie bewegt, nicht von Bedeutung ist.

Glauben Sie mir, dem ist nicht so. Nehmen Sie den Rat eines alten Mannes: Bringen Sie die Menschen weiter zum Lachen, ziehen Sie sie in Ihren Bann, aber folgen Sie endlich Ihrer inneren Stimme und überbringen Sie Ihre Botschaft. Lösen Sie sich um Gottes willen von Ihren Schwellenhütern, die nicht wollen, dass Sie ihre Welt verlassen und heben Sie die Flügel. Ich weiß: Sie können fliegen.

Vor all den Leuten, die hier sitzen und Ihnen so fasziniert zugehört haben, biete ich Ihnen an, Sie auf diesem Weg zu begleiten, und ich würde mich froh und dankbar schätzen, wenn Sie mein Angebot annehmen würden. Denken Sie darüber nach und kommen Sie mich besuchen, damit wir reden können. Und kommen Sie bald. Auch meine Zeit ist endlich."

Der Alte löste sich von seinem Gegenüber und nestelte in seinem Jackett. Dann überreichte er ihm eine Karte, legte ihm noch einmal die Hand auf die Schulter und sagte:

„Und jetzt fahren Sie fort mit Ihrer Rede, wenn Ihnen danach ist, oder gehen Sie zurück zu Ihren Freunden und lassen Sie sich feiern!"

Ans Publikum gerichtet sagte er: „Ich danke Ihnen, dass Sie Geduld mit mir hatten und meinen Worten als Zeugen gefolgt sind. Sie werden von dem jungen Mann noch hören."

Dann ging er ab.

Beifall brandete auf, der nicht enden wollte.

Der Junge stand verloren am Pult und kämpfte mit den Tränen. Er versuchte zu lächeln, aber es wollte ihm nicht gelingen. Ohne etwas zu sagen verließ er die Bühne über den Hintereingang.

Am Abend, bei der Preisverleihung in der Brauereigaststätte, saß ich mit ihm am selben Tisch. Dadurch, dass er seine Rede vorzeitig beendet hatte, lief er außerhalb der Wertung, allerdings fand der Laudator anerkennende Worte für seinen Beitrag.

An der Bar unterhielten wir uns im Anschluss bis in die frühen Morgenstunden über Gott und die Welt. Ich weiß noch, wie beeindruckt ich war von der Leidenschaft, mit der er seinen Standpunkt zu den unterschiedlichen Themen vertreten hatte, von seinen treffsicheren Formulierungen, seinem Witz und seinem Tiefgang.

Fast dreißig Jahre später habe ich ihn wiedergesehen, zufällig, bei einem Spaziergang durch die Villa Borghese, mitten in Rom. Er saß auf einer Steinmauer und diskutierte mit einer Gruppe junger Männer, bekleidet mit einer schwarzen Soutane. Die Haare unter seinem breitkrempigen, roten Sonnenhut waren immer noch lockig, aber sie waren grau geworden, die Augen wach wie damals.

Als ich ihn ansprach, dauerte es ein wenig, bis er mich einordnen konnte. Doch dann freute er sich sichtlich und schenkte mir ein paar Minuten seiner Zeit. Wir plauderten über zuhause, über früher und natürlich über seinen Auftritt, an den ich mich erinnerte, als ob er eben erst stattgefunden hätte.

„Dann bist Du also ein Menschenfischer geworden", sagte ich nachdenklich.

„Mit Leib und Seele", sagte er mit seinem umwerfenden Lachen und umarmte mich zum Abschied. „Denk daran, wenn Du einmal müde wirst. In Gottes großem Netz ist immer ein Platz für Dich."

Ich mochte diesen Gedanken.

Die Frau aus Theben

Horst führte gerne Fachgespräche
Mit einer Frau aus Theben
Dabei gab sie sich willig hin
Beim Safte roter Reben

Sie war so heiß, sie war so klug
Schöner als tausend Sonnen
Und trotzdem ist sein Glück mit ihr
Immer aufs Neu zerronnen

Nicht, dass sie ihn verlassen hätte
Nicht, dass sie ihn nicht liebte
Nicht, dass er ihr die Treue brach
Und so das Ding versiebte

Nein, alles was geschehen ist
Ist, dass er sie nur träumte
Und diesen Traum im Morgengrauen
Zu halten stets versäumte

Das Wunder von Bergdorf

Es war einmal eine Zeit zwischen ganz früher und jetzt, einige Jahre nach dem großen Krieg und eine halbe Ewigkeit bevor Barack Obama der erste schwarze Präsident der Vereinigten Staaten von Amerika wurde, da war für die Menschen in dem Teil von Europa, den ich von hier aus überblicken kann, die Welt noch in Ordnung. In Bergdorf, einer kleinen Gemeinde in einem Hochtal im Westen von Österreich, sind die alten Leute bis heute felsenfest davon überzeugt, für ein paar Jahre das Paradies erlebt zu haben. Mit glänzenden Augen erzählen sie von gegenseitiger Wertschätzung, von nachbarschaftlicher Hilfe, von verantwortungsbewussten Politikern, von Ärzten mit Zeit und einem Ohr für die Kranken, vom hohen Stellenwert der Familie und von einem Gemeinde- und Kirchenleben, das auch die Alten und Schwachen mit auf die Reise genommen hat.

In dieser guten alten Zeit, ich glaube mich daran zu erinnern, dass es das Jahr neunzehnhundertsechsundfünfzig war, wurde den Eheleuten Theodor und Katharina dortselbst zu ihrer großen Freude ein

Knäblein geboren. Es war ihr viertes Kind, ein Nachzügler.

Wann immer sich die Gelegenheit bot, beugten sich die Eltern und die Geschwister, eine große Schwester und zwei mittelgroße Brüder, über den Rand der Wiege und konnten sich nicht satt sehen an dem Anblick, weil das Kind so gelungen war. Zwar war sein Kopf zu diesem Zeitpunkt noch nicht mit den dichten blonden Locken bedeckt, mit denen es später reihenweise die Frauen verwirren sollte, aber schön anzusehen war es auch so. Was aber alles in den Schatten stellte, war das Strahlen, das von dem freundlichen Wesen des Kleinen ausging. Es war wie ein Leuchten, und selbst der Herr Pfarrer sagte, das sei etwas ganz Besonderes.

Auch das Kind, das, während die anderen hereinschauten, zurückschaute und seine Betrachter der Reihe nach ruhig ansah, war glücklich über den Anblick, der sich seinen großen, blauen Augen bot und fest davon überzeugt, dass es sich, als es noch eine kleine Seele war, also vor seiner Zeit auf der Erde, die richtige Familie für sein Leben ausgesucht hatte.

Die Jahre zogen ins Land und der Luggi, so hieß der Kleine, wuchs heran und gedieh prächtig. Sobald er die ersten selbstständigen Schritte machen konnte, nahm er Kurs auf die heimischen Wiesen, die Stallungen und den angrenzenden Auwald. Er liebte die Blumen, die Bäume und die Tiere im Stall und in der freien Natur, und bald kannte er sie alle beim Namen. Die Mutter umsorgte ihren jüngsten Spross mit ihrer überströmenden Liebe und nahm sich alle Zeit, ihm die Welt zu erklären. Nicht weniger eifrig traten der Vater und seine großen Geschwister in Aktion, wenn es darum ging, ihr vorhandenes Wissen um das Leben an den wissbegierigen kleinen Bengel weiterzugeben.

Ganz besonders hatten es dem kleinen Luggi die Bienen angetan, die der Wilhelm, ein Freund der Familie, auf dem Gelände seines Vaters hielt. Bei ihnen verbrachte er viel Zeit, und er sah aufmerksam zu, wie aus dem fleißig gesammelten Nektar am Ende köstlicher Honig gemacht wurde. Wenn er einmal groß sei, so sagte er immer wieder, wolle er auch ein Imker werden oder einen Beruf wählen, bei dem er viel mit Holz arbeiten könne.

Doch es kam anders. Seine Mutter war von Anfang an überzeugt, dass ihr Wiggerl, wie sie ihn liebevoll nannte, mit seinen zarten Händen kein hartes Handwerk ausüben könne und besser eine Bleistiftarbeit verrichten würde. Überhaupt hätte sie es am liebsten gesehen, wenn er Pfarrer geworden wäre. Das wollte der Luggi sich und der Kirchengemeinde aber nicht antun, weil er das mit dem Zölibat schon in jungen Jahren für eine schwer lösbare Aufgabe hielt und sein Gewissen nicht über Gebühr belasten wollte.

Also entschloss er sich nach Abwägung aller Optionen eine Bürolehre anzutreten. Kurz nach deren erfolgreichem Abschluss meldete sich der Leiter der heimischen Bankfiliale bei ihm und machte Anstrengungen, ihn für die Mitarbeit in dem Geldinstitut zu gewinnen. Der Luggi überlegte hin und her und sagte am Ende zu. Dazu muss man wissen, dass der Beruf des Bankers damals noch als ehrenhaft galt und die größtmögliche Sicherheit für die Zukunft versprach.

Schnell fiel den Vorgesetzten seine gute Hand im Umgang mit den Kunden und seine gewissenhafte Arbeitsweise ins Auge und so dauerte es nicht lange, bis er zum Chef der örtlichen Bankfiliale befördert wurde. Die Familie war stolz auf ihn, und die Kunden, die er alle persönlich kannte, waren froh um diese Entscheidung. Es war, wie schon eingangs erwähnt, eine gute Zeit.

Das hätte alles so gehen können bis zum jüngsten Tag, wäre die Welt nicht im Laufe der Jahre eine andere geworden und hätte sich nicht auch die Bankenlandschaft im Laufe der Zeit immer mehr verändert. Die Mächtigen in Wirtschaft und Politik wurden immer gieriger und haben den Herrgott und die Menschlichkeit durch zwei Götzen ersetzt. Der eine hieß Wachstum und der andere, der nur im Plural ausgesprochen werden durfte, waren die Märkte. Sie zu befriedigen war von nun an das Gebot der Stunde, und um das sicherzustellen, wurden die Zinsen auf Talfahrt geschickt. Jetzt konnten der Konsum und damit das Wachstum und die Märkte mit billigem Geld befeuert und das Risiko in eine unbestimmte Zukunft verlagert werden. Die Betrogenen waren die Sparer und die, die früher, teils schon über Jahrzehnte, für das Alter vorgesorgt hatten. Das Geld der Letztgenannten wurde immer weniger wert und ihre Rendite sank gegen Null. Dazu kam, dass das mittlerweile überall verfügbare Internet dafür sorgte, dass die Kundschaft es öfter vorzog, die Bankgeschäfte zuhause in den eigenen vier Wänden am Computer zu erledigen und sich so der Gang in die Bankfiliale erübrigte.

Vor dem Hintergrund dieser Entwicklung sahen sich die Banken gezwungen, gegen ihren eigenen Untergang anzukämpfen und neue, fremdartige Finanzprodukte anzubieten, die ihre Angestellten oft selber nicht verstanden und die die meisten Kunden nicht wirklich brauchten. Der Bedarf musste also erst künstlich geschaffen werden. Um das zu erreichen, mussten die Banker plötzlich wie Verkäufer auftreten und jene Produkte feilbieten, die in erster Linie für das Überleben und den Gewinn der Bank von Interesse waren. Die Beratung, die sich bis dahin nur an den Bedürfnissen des Kunden orientiert hatte, trat mehr und mehr in den Hintergrund; von genossenschaftlichen Zielen ganz zu schweigen.

Mit diesem neuen Rollenverständnis hatte der Luggi, der zum Zeitpunkt dieser Veränderungen auch schon nicht mehr der Jüngste war, seine liebe Not, und er begann, sich unwohl zu fühlen in seiner Haut. War er früher noch jeden Tag mit Freude in die Arbeit gegangen, so wurde ihm dieser Gang jetzt immer öfter zur Qual. Irgendwann meldete sich seine innere Stimme so laut zu Wort, dass er sie nicht mehr überhören konnte, und er beschloss, ihr zu folgen. Mit gemischten Gefühlen verließ er seine Geschäftswelt und ging in den vorzeitigen Ruhestand, „um den noch übrig gebliebenen Teil meiner Seele zu retten", wie er mir einmal sagte.

Angst machte ihm der Gedanke an die Pension nicht. Immerhin war er Zeit seines Lebens bei der Feuerwehr aktiv, hatte seit über vierzig Jahren eigene Bienen und, wann immer Not am Mann war, half er seinem Bruder in der Landwirtschaft und beim Eindecken von Dächern mit Holzschindeln. Das war eine rar gewordene Handwerkskunst, die Letzterer meisterhaft beherrschte.

Bei dieser Arbeit auf den Dächern wurde dem Luggi, der schon immer ein bisschen ins Philosophische lappte, das lange und entbehrungsreiche Leben einer Holzschindel bewusst, und es tat ihm weh, dass ihr niemand dankte und sie, wenn ihre Zeit vorüber war, einfach entsorgt und verbrannt wurde.

Dieser Gedanke setzte ihm immer mehr zu und er erzählte bei jeder Gelegenheit die Geschichte vom harten Schicksal der Schindel. Eindringlich beschrieb er, wie sie im Laufe ihres dreißigjährigen Lebens Häuser und Ställe vor Wind und Wetter schützt, wie sie Familien und Tiere mit wohliger Wärme versorgt und wie wunderschön sie anzusehen sei. Ganz im Gegensatz zu den neumodischen Dachziegeln aus totem Material.

Wenn er so redete, strich er liebevoll mit den Fingern über die von Wind und Wetter gegerbte Außenhaut der Gepriesenen, so, als ob er sich bei ihr entschuldigen und ihre Wunden heilen wollte. Eine Frau hätte neidisch werden können bei so viel Zärtlichkeit.

Eines Nachts, als ein wilder Föhnsturm derart heftig an den Fensterläden rüttelte, dass er fast aus dem Bett gefallen wäre, kam ihm eine Idee, die ihn nicht mehr loslassen sollte. Er wollte es nicht mehr beim Reden belassen. Er wollte etwas tun, was für diese tapferen Gesellen auch nach ihrer aktiven Zeit, quasi in der Rente, einen Sinn ergibt und sie weiterleben lässt.

Vorsichtig stieg er aus dem Bett, um nicht über sein langes, baumwollenes Nachthemd zu stolpern und schlich in die Stube, wo er einen Block und einen Bleistift aus der Kommode kramte, um seine Idee zu Papier zu bringen. Mit schnellen, geschickten Strichen entwarf er eine Zeichnung von einem Häuschen, das ganz aus alten Schindeln gefertigt war. Liebevoll gestaltete er jedes Detail, das Dach, die Fenster, den Balkon, die Bank und den Zaun vor dem Haus.

Genau so, sagte er sich, würde er gleich am nächsten Tag einen Prototyp anfertigen und den dann der Mirjam, seinem großen Schatz, zeigen.

Als er ihr am nächsten Abend sein Werk präsentierte, ist die fast ausgehupft vor Begeisterung. Sie konnte nicht nur das Häuschen sehen, sondern auch das Licht, das auf einmal wieder aus den Augen von ihrem Luggi strahlte. Vor ihr saß ein ausgewachsenes Mannsbild, glücklich wie ein Kind, so, wie sie ihn schon lange nicht mehr gesehen hatte.

Wie sie jetzt genau ihrer Euphorie Ausdruck verliehen hat, ist mir nicht bekannt, aber es muss wirkungsvoll gewesen sein. Auf jeden Fall war der Luggi hoch motiviert und fing an, seine Idee in die Tat umzusetzen.

Die ersten Häuschen baute er als Weihnachtsüberraschung für seine Familie. Die so Beschenkten waren von seinem Einfallsreichtum und der Schönheit seiner Kreationen überwältigt und zeigten sie ihren Freunden. Überall im Dorf begann man, darüber zu reden und auf einmal stand es sogar im Internet. Jetzt gab es kein Halten mehr. Immer mehr Freunde und Fremde wollten diese kleinen Kunstwerke für ihr Zuhause und immer weiter zog die Geschichte ihre Kreise.

Schon bald hatte der Luggi über zwei Dutzend dieser Häuschen gebaut und ein Ende war nicht abzusehen. Obwohl ihn der Ansturm fast überfordert hat, hielt er sich tapfer und hat sich gerne dieser Herausforderung gestellt. „Weil es mich freut, wenn ich Licht und Hoffnung in die Häuser und Herzen der Menschen tragen kann", hat er einmal zu mir gesagt und dabei über das ganze Gesicht gestrahlt.

Es ist ein Wunder, ging es mir durch den Kopf, dass alle Kratzer und Beulen, die das Leben diesem Mann in den vergangenen Jahrzehnten zugefügt hat, sein Innerstes, seinen Kern, nicht zerstören konnten. Dass das, was die Natur, die Liebe einer Mutter und die Fürsorge einer ganzen Familie in so einem Sonnenschein angelegt haben, unauslöschlich ist.

Was für ein Stück Hoffnung für jeden von uns.

The unknown artist

It was in the middle of twothousandthreehundred
Als eine Schulklasse auf den Gebhardsberg wandert
The group was a mixture of girls and young boys
Dem teacher sein Name was Karl-Friedrich Reuss

Right after the Kirche, where the way becomes steep
Lag auf dem Boden ein Besen
So einer, wie ihn Ausgräber benutzen
Zum Putzen von sehr toten Wesen

Nearby of the Besen was a ziemlich big hole
And inside the hole were some bones
They belonged to a lady, which once lived in Bregenz
Das besagte ein Zettel von einem Herrn Jones

Herr Jones war der Ländle Geschichtsconnaisseur
Das Museum zog ihn gerne zu Rate
Und so war er für viele, die viel früher lebten
So etwas wie ein später Pate

These bones, respective the full human being
Long ago came over the sea
From the damals so called United States
To Bregenz, the Hauptstadt of Gsi

The passport that the Ausgräber did find with her body
Showed a lady with dark curly hair
She was blessed with an austrian citizenship
Allthough she was born over there

On a picture she carried close to her heart bone
Her family was gathered together
Her husband, her children and her childrens kids
In the background a lake and good weather

The secret of Kathy, this remarkable woman
Was, that she got talent en masse
She could at the same time make pictures and poems
Kunst meant for her passion and Spass

The young people were ziemlich impressed by the story
And discussed what they learned with Herrn Reuss
In his summary he made them understand
That she was an artist, a devine device

The Schulklasse went schweigend the way back to the city
In the Hirschen they kehrten noch ein
They ordered a Schnitzel, Herr Reuss hob das Glas
„Kathleen, you´re the greatest!". Dann nickte er ein

The sorrowfull thing concerning that story
Schoolbooks never mention Kathleen
The reason for that was not a lack of her genius
It was a lack of good marketing.

Herr M. will nicht nach Hollywood

Herbert M., Rentner, passionierter Fliegen-
fischer und hälftiger Eigentümer eines ge-
räumigen Reiheneckhauses im Bregenzer
Stadtteil Vorkloster, einer weitläufigen, an Ethnien
reichen Menschenansiedlung, richtete sich an diesem
Samstagmorgen langsam in seinem Lesesessel auf
und beugte seinen grauen, wuschelhaarigen Kopf an-
gestrengt nach vorne. Mit ungläubigem Blick las der
fast Achtzigjährige in der Wochenendausgabe einer
deutschen Tageszeitung. Ein Artikel mit der Über-
schrift „Reden ist Macht" hatte ihn in seinen Bann
gezogen.

In großer Aufmachung wurde da berichtet, dass
weibliche Schauspieler, also Frauen, beim Film
grundsätzlich seltener zu Wort kämen als ihre männ-
lichen Kollegen. Besonders auffallend sei dieses
Missverhältnis in Hollywoodproduktionen. In die-
sen hätten Männer bei drei Viertel aller Filme mehr
Text als ihre weiblichen Pendants, in fünfzehn Pro-
zent sprächen sie sogar bis zu neunzig Prozent aller
Sätze. Weiter hinten im Text wurde ausgeführt, dass

sich die Situation in Talkshows und im betrieblichen Alltag US-amerikanischer Unternehmen um keinen Deut anders verhielte. Eine Protestaktion ähnlich der Me–Too–Bewegung sei demzufolge so sicher wie das Amen in der Kirche, meinten Feministinnen auf die Frage, was diese Tatsache wohl mit den amerikanischen Frauen machen würde, würden sie sich ihrer denn bewusst werden.

Ein düsteres Szenario.

Herbert M. wirkte verstört. Sein gesamtes Weltbild lief Gefahr ins Wanken zu geraten. Waren das vielleicht die vielzitierten Fake-News, von denen neuerdings im Fernsehen immer wieder die Rede war oder handelte es sich um Fakten? Immerhin war die vor ihm liegende Zeitung für ihre Seriosität und ihre kompetente Berichterstattung bekannt und nicht irgendein Grattlerblatt von fragwürdigem Ruf.

Langsam, wie in Zeitlupe, drehte er den Kopf in Richtung Küche. Durch die offenstehende Tür sah er Gundula, seine Ehefrau, die damit beschäftigt war, das Mittagessen zuzubereiten. Sie ließ die Tür immer offen, weil sie ihrem Mann so alles erzählen konnte, was ihr gerade durch den Kopf ging, und das war nicht wenig. Gundula sprach eigentlich andauernd, mal wie eine Berichterstatterin, wenn es um die Nachbarn oder die Kinder ging, dann wie eine Dozentin, wenn sie ihre Meinung zu sauberen Lebensmitteln kundtat oder wie eine Erzieherin, wenn die unsachgemäße Benutzung der Toilette durch ihren Gatten wieder einmal das Thema war.

„Wie würde seine Frau wohl auf diese Nachricht reagieren?", fragte Herbert sich ängstlich. „Was würde das Wissen um den Kampf ihrer Geschlechtsgenossinnen im fernen Amerika mit ihrer heilen Welt anrichten? Sollte er mit ihr überhaupt darüber reden?"

„Nein!", sagte er entschlossen und richtete sich kerzengerade in seinem Sessel auf. „Ich werde zu verhindern wissen, dass die Gute Schaden nimmt."

Herr M. hatte sich im Laufe der mehr als fünfzig Ehejahre daran gewöhnt, dass Gundula viel redet und er empfand ihre Beiträge stets als ein vertrautes Hintergrundgeräusch, so wie andere Leute das Radio oder den Fernseher. Zu keiner Zeit hatte er sich eine andere Weggefährtin gewünscht und nie eine andere Welt als diese. „Ein Mann, ein Wort, eine Frau, ein Wörterbuch", hatte sein Vater einst zu ihm gesagt und so seinem Sohn die Welt erklärt.

Und jetzt, im letzten Viertel seines langen Lebens, erscheint da plötzlich dieser Artikel, der den Blick auf einen Teil der Erde lenkt, der so anders ist als seiner und in dem alles verkehrt herum zu sein scheint. Männer, die die ganze Zeit reden und Frauen, die zum Schweigen verdammt sind.

Herbert stellte sich vor, wie es wäre, wenn er mit seiner Angetrauten in Hollywood statt im Bregenzer Vorkloster leben würde und geriet darob heftig ins

Grübeln. Als er damit fertig war, hellten sich seine Gesichtszüge wieder auf.

„Es ist gut, dass die Dinge so sind, wie sie sind", sagte er zu sich und empfand eine tiefe Dankbarkeit. Er malte sich aus, wie still es wäre im Haus, wenn die Seinige plötzlich verstummte und welche Anstrengung es für ihn bedeuten würde, so viel Redezeit mit Inhalten zu füllen und sinnvoll zu nutzen. Ihn schauderte bei dem Gedanken.

„Gibt's was Neues in der Welt?", fragte Gundula aus der Küche, während sie die Sauce für das Dessert abschmeckte.

„Nein", sagte Herbert, „nur das Übliche."

„Gott sei Dank!", sagte sie abwesend und blickte sorgenvoll auf den Braten, der, noch immer recht blass um die Hüfte, in der Röhre vor sich hin schmurgelte.

Herbert war inzwischen eingenickt. Der Ausflug in die fremde Welt hatte ihn erschöpft. Sein Kopf war auf die Brust gesunken und die Zeitung lag unbeachtet auf seinen Knien.

Im Traum flog er mit Gundula hoch über dem Platz der Wiener Symphoniker und der Seepromenade Richtung Stadt. Vor der *Welle* stand ein blau angemaltes Reh und sang. Gundula schwärmte von dem reizenden Freund ihrer Enkelin, von den guten Begegnungen und Gesprächen auf dem letzten Familienfest, von der Schwiegertochter, die jetzt, mit über fünfzig, noch einmal ein Studium aufgenommen hatte und von der großen Liebe ihres Erstgeborenen, der in Amerika, fernab der Heimat, sein Glück gefunden hatte. Ihr Wortschwall schwoll mit jedem Flügelschlag. Herr M. aber war einfach nur selig. Er sprach kein einziges Wort.

Von wegen neunzig Prozent.

Eine andere Wirklichkeit

Im Kopf vom Kleboth Andreas war schon seit längerem der Teufel los. Irgendeine geheimnisvolle Krankheit schien ihm langsam, aber sicher das Hirn aus dem Schädel zu fressen. Es gab Tage, da war wenig zu merken und andere, an denen war es besonders schlimm. Dann redete er keinen zusammenhängenden Satz, verschluckte ganze Silben und wenn er etwas sagte, klang das wie ein Würgen.

Manchmal sah man ihn auf der Bank vor seinem Haus hocken und mit Leuten reden, die es gar nicht gab, außer in seiner Fantasie natürlich. Dann wieder gestikulierte er wild und von einem auf den anderen Moment verharrte er unbeweglich wie eine Statue. In solchen Augenblicken konnte keiner zu ihm gelangen, niemand ihn erreichen.

Angefangen haben soll das Elend an dem Abend, als er erfahren hatte, dass das Mariechen, die Köchin vom Herrn Pfarrer, von einem ausländischen Reisebus überfahren worden war. Der Fahrer, der oberhalb der Kirche zurücksetzen musste, weil er die Kurve zu steil genommen hatte, sei sturzbesoffen gewesen und hätte die junge Frau dabei wohl übersehen.

Noch am nämlichen Tag habe der Andreas versucht, sich in der Tenne aufzuhängen, aber der morsche Balken, an dem er seinen Strick befestigt hatte, sei gebrochen. Zwei Tage später habe er mit einer Mischung aus Kräuterschnaps und Schlaftabletten noch einen zweiten Anlauf genommen, doch der Barry, sein alter Schäferhund, hätte sich an der langen Laufkette fast stranguliert vor Aufregung und so lange gebellt, bis der Nachbar gekommen sei und ihn, gerade noch rechtzeitig, gefunden habe. Erst später, als sie ihn aus dem Spital zurückgebracht haben, sei er ruhiger geworden und habe sich nach innen verabschiedet.

So hat mir Alicja, Andreas' polnische Pflegerin, die Geschichte erzählt, als ich in meinem letzten Heimaturlaub bei ihm angeklopft und sie mir geöffnet hatte. Ich war geschockt, weil ich im Sommer zuvor noch dabei war, als der Andreas und das Mariechen sich kennengelernt hatten.

Er, der lang gediente Vorarbeiter vom Bauhof der Gemeinde, saß an jenem Abend verloren an einem Tisch beim Feuerwehrfest in der Au und schob sein Bierglas mal in die eine, dann in die andere Richtung. Andreas hatte mich gleich wiedererkannt und mich aufgefordert, ich solle mich zu ihm setzen. Er wollte wissen, wie lange ich bliebe und ob es mir noch immer gefallen würde bei den Deutschen.

„Ja", sagte ich, „wie am ersten Tag."

Ich lebte damals in München und war dort wirklich angekommen. Für Andreas war das ein unvorstellbarer Gedanke, denn er hatte sein Tal zeit seines Lebens nicht verlassen. Als das geklärt war, erzählte er mir übergangslos und stolz, dass er in der Stube ein neues Täfer aus Zirbenholz angebracht hätte. „Ganz ohne fremde Hilfe", hat er gesagt und ich solle doch vorbeikommen und mir das einmal anschauen.

Während er redete, ging sein Blick immer wieder an mir vorbei, zu einem Punkt weiter hinten, den er fixierte. Als ich mich umdrehte, sah ich dort am Tisch den Bürgermeister mit seiner Frau, den Herr Pfarrer und das Mariechen, seine junge schlesische Köchin, die vor wenigen Monaten in den Ort gekommen war. Sie winkte freundlich zu uns herüber. Weiter hinten, auf dem Tanzboden, bewegten sich zwei Paare zu den rustikal klingenden Weisen des Duos *Steinadler*, zweier betagter Originale aus dem Ort.

Als ich feixte und sagte, dass ihm das Mariechen wohl gefalle, erzählte mir Andreas mit einem verlegenen Lächeln, dass er die junge Frau vor zwei Wochen kennengelernt hätte, als er ins Pfarrhaus gerufen worden war, um einen verschütteten Wassergraben freizulegen. Sie hätte ihm nach getaner Arbeit eine Jause gebracht und ein paar Worte mit ihm gewechselt. Da sei ihm zum ersten Mal aufgefallen, wie hübsch sie war.

Gerade als er fertig war mit erzählen, stand die junge Frau vor uns und fragte den Andreas, ob er mit ihr tanzen wolle, aber der lehnte verschämt ab und sagte, dass er überhaupt nicht tanzen könne und dass er nicht wolle, dass die Leute einen Grund bekämen, sich das Maul über ihn zu zerreißen. Dabei hat er einen ganz roten Kopf bekommen und mich unsicher angeschaut.

Mariechen hatte darüber nur gelacht, ein helles, freundliches Lachen, und dann ist er doch mit ihr gegangen und hat sich gefügt. Als sie ihren Tänzer kurz darauf wieder unversehrt an seinen Platz zurückbrachte und sich mit einem flüchtigen Kuss auf seine Wange von ihm verabschieden wollte, wirkte er wie ausgewechselt.

Es kümmerte ihn nicht mehr, dass die Leute vom Nebentisch herübersahen und tuschelten. Er bemerkte sie überhaupt nicht. Er wollte Mariechen nur nicht gehen lassen, sie nicht und nicht diesen Augenblick. Selig war er und aufgeregt wie ein kleiner Bub, dem unverhofft ein Engel erschienen ist.

All die Jahre, die er allein verbracht hatte, all die missglückten Versuche, eine Frau zu finden oder gar zu halten, schienen auf einmal wie ausradiert in seinem Kopf und es musste etwas mit ihm passiert sein, als er mit der jungen Frau auf Tuchfühlung war und ihr warmes, weiches Gesicht an seiner Brust spürte. Vielleicht, so dachte ich, war es etwas, das er schon ein Leben lang gesucht hatte, aber von dem er nicht wusste, dass es das überhaupt gab.

Als er nach Mariechens Hand griff, erst zögerlich, dann viel zu fest, vergaß er fast zu atmen. Er schaute sie an wie eine Erscheinung und brachte kein einziges Wort heraus. Als sie sich ihm lachend entzog, wohl weil sie Angst hatte, ihre Hand könnte zerbrechen unter seinem Druck, erschrak er und blickte verstört auf seine riesige Pranke, die sich vor lauter schlechtem Gewissen nicht mehr zu bewegen wagte und steif, wie das Ende eines Astes, in die Luft ragte.

Als Mariechen das sah, lachte sie wieder ihr helles, fröhliches Lachen. Sie nahm ihn bei der Hand wie ein kleines Kind und sagte: „Komm Andreas, lass uns ein paar Schritte gehen!"

Da ist er wieder rot geworden, hat verlegen mit den Schultern gezuckt und ist mit der jungen Frau Richtung Fluss verschwunden.

Das war gerade mal ein Jahr her und das letzte Mal, dass ich ihn gesehen hatte. Und jetzt stand ich in seinem Haus, unterhielt mich mit seiner Pflegerin, und es gab keine Möglichkeit mit ihm zu reden, weder über sein neues Täfer noch über seine große Liebe. Er lag einfach da, auf dem Diwan, und starrte mit leeren Augen zur Decke. In seiner Wahrnehmung fand ich gar nicht statt.

Alicja schien meinen Schmerz zu fühlen und legte mir behutsam die Hand auf den Arm. Dann sagte sie mit ihrem polnischen Akzent:

„Andreas ist nicht allein. Mariechen kommt ihn oft besuchen."

„Was redest Du da?", fragte ich irritiert.

„Ich höre ihn, wenn er nachts mit ihr spricht", sagte sie.

„Du glaubst, die beiden hätten so doch noch zusammengefunden?" Ich sah Alicja an wie ein Kind, das hoffte, wenigstens *eine* gute Nachricht mit nach Hause nehmen zu können.

„Ja", sagte sie, „das glaube ich. „Glück hat viele Gesichter", hat meine Babka immer gesagt, wenn ich traurig oder verzweifelt war. „Du musst nur genau hinschauen. Dann kannst Du es erkennen."

„Sicher hatte sie recht", sagte ich, nachdem ich mir das Gesagte vergegenwärtigt hatte. „Andreas´ Wahrnehmung ist seine Wirklichkeit, nicht meine oder deine. Was wissen wir schon von seiner Welt?"

„Nichts", sagte Alicja, „nur, dass sie anders ist als unsere und dass es dort sehr wohl Glück zu geben scheint."

Ich nahm diese Worte mit auf den Weg. Sie hatten etwas Befreiendes.

Der Makel

Herr Leopold bläht stolz die Nüstern
Ihm ist nach etwas Zeitvertreib
Er würde gern ein Tänzchen wagen
Mit einem reifen, feschen Weib

Gedacht, getan, verlässt er hurtig
Sein trautes Heim am Isarstrand
Und geht, mit edlem Tuch gewandet
Zum Taxistand von Werner Brand

Wohin des Weges, schöner Recke
Ruft Werner ihm von Weitem zu
Ich hätt' grad eine freie Droschke
Komm, steig Er ein, nur zu, nur zu

Herr Leopold sinkt in die Polster
Schnell, sagt er, fahr Er mich zum Tanz
Zum Wiener Platz ins *Maratonga*
Dort spielt heut Nacht der Heiße Hans

Wenn Hans sang, kamen immer viele
Die schönsten Frauen von weit her
Nicht mehr ganz jung, doch voller Sehnsucht
Nach alten Zeiten und noch mehr

Als Leopold den Saal betritt
Sind alle Tische schon besetzt
Nur an der Bar ist noch ein Plätzchen
Neben der Blonden mit dem Netz

Gestatten, sagt er wie ein Edler
Sie lächelt: Gerne, komm´ Er nur
Dann blickt die Schöne ihm ins Auge
Von Schüchternheit gar keine Spur

Nach ein paar Worten ohne Inhalt
Entführt die Dame ihn zum Tanze
Und drückt sich an den Leopold
Als ging es heut ums große Ganze

Er fühlt ihr Beben, ihren Busen
Er riecht ihr Haar und ihre Haut
Sie haucht: Ich will Dir ganz gehören
Noch eh er zweimal umgeschaut

Zurück dann an der Bar, der Tränke
Da wo das Licht noch heller ist
Streicht sie ihm sanft über die Wange
Es fehlt nicht viel, dass sie ihn küsst

Doch plötzlich weiten sich die Augen
Sie blickt erschrocken, weicht zurück
Ihr Körper löst sich von dem seinen
Aus ist es mit dem Liebesglück

Der Leopold stellt sich zwei Fragen:
Was ist passiert? Was das wohl war?
Da ist die Holde schon entschwunden.
Der Grund: Ein graues Nasenhaar.

Die reinliche Emilie

Ooopaaa!". Gottfried, Alberts halbwüchsiger Enkel zerrte mit ganzer Kraft am Ärmel seines Großvaters. „Erzähl´ mir bitte die Geschichte vom armen Ferdinand, dem die Liebe zu einem Motorrad ein neues Leben geschenkt hat."

Albert war nicht sonderlich motiviert, die Geschichte schon wieder zu erzählen, weil er das bereits hunderte Male getan hatte, aber der Kleine konnte nicht genug davon bekommen. Leicht genervt schlug er ihm einen Handel vor:

„In Ordnung", sagte er, „ich mache das, aber nur, wenn Du mit mir kommst und wir die Oma mit dem Rollstuhl um den Block fahren."

Adelheid musste dringend an die frische Luft. Albert hatte sie seit Tagen nicht bewegt.

Mit einem widerwilligen „Jaaa, guuut" ließ sich Gottfried auf den Handel ein und verließ mit seinen Großeltern das Haus. Als sie eine Stunde später zurückkamen, setzte Albert den Kleinen auf seinen Schoß und legte los.

„Der Ferdinand, das musst Du wissen, ist ein

Mensch wie Du und ich. Er ist vielleicht ein bisschen sensibler, als das Männer für gewöhnlich sind, aber rein äußerlich ist er ganz normal. Manche Leute haben ihn früher sogar als hübsch bezeichnet. Ich glaube, weil er schlank und groß war und lange, blonde Haare hatte.

Aufgewachsen ist der Ferdinand in einem Stadtteil von München, der so gefährlich gewesen sein soll, dass sich nachts nicht einmal der Gendarm hinein getraut hat. Von zwielichtigen Gestalten soll der „Münchner Abendbote" immer wieder berichtet haben und von Überfällen am helllichten Tag. Was davon wahr ist, kann ich Dir nicht sagen, weil ich nie dort gewesen bin.

Über die Familienverhältnisse vom Ferdinand wurde nur gemunkelt, gewusst hat niemand etwas Genaues. Sicher ist nur, dass er eine Mutter und einen Vater gehabt haben muss, weil sonst hätte es ihn ja nicht gegeben. Und einen Freund hat er auch gehabt, den Timo. Dem hat er schon als Kind all seine Geheimnisse anvertraut, und er ist sein ganzes Leben lang mit ihm in Verbindung geblieben.

Der Ferdinand hat ein aufregendes Leben gehabt. Erst war er Student der Betriebswirtschaft, dann hat er als Angestellter bei einer Computerfirma seine Chefs mit verrückten Ideen genervt, und dann ist er Unternehmer geworden. Er hatte eine Immobilienfirma, eine Modefirma und ein Wirtshaus. Alles, was er angefasst hat, ist in seinen Händen zu Gold geworden. Die Frauen haben ihn geliebt, und er ist zu einem Mittelpunkt in der Münchener Schickeria geworden. Jeder wollte sein Freund sein.

Aber dann, auf einmal, als er schon alt war, ich glaube sechzig oder so, muss etwas passiert sein, denn er hat sich plötzlich verändert. Er hat sich immer mehr von den Leuten zurückgezogen und ist oft tagelang, ohne etwas zu essen, auf seiner Terrasse über dem Englischen Garten gesessen und hat vor sich hin gestarrt. Gott sei Dank hat er in dieser Zeit viel Bier getrunken, weil sonst wäre er total abgemagert.

Seine Freunde waren ratlos, denn er hat keinem von ihnen erzählt, was ihm eigentlich fehlt. Da sind sie ins Tirol zu seinem besten Freund, einem Österreicher, gefahren und haben ihm von dem Elend berichtet. Der Marscht, so hieß der Freund, hat nicht lange gefackelt und sich auf den Weg nach München gemacht.

Als der Ferdinand auch ihm gegenüber verschlossen und schweigsam blieb, hat er ihn kurzerhand ins Auto gepackt und mit zu sich nach Hause genommen. Dort hat er zwei Motorräder aufgeladen, zwei Harleys, und ist mit dem Ferdinand nach Italien gefahren. Weil da gerade Zwischensaison war, konnten sie sich günstig in einer Pension einmieten und den ganzen Tag mit den Motorrädern in der Gegend herumfahren. Dabei muss es passiert sein, dass sich der

Ferdinand in seine Harley verliebt hat. Auf jeden Fall hat der Marscht ihn nachts einmal dabei beobachtet, wie er mit seiner Maschine geredet und sie dabei gestreichelt hat. Dabei hat er immer wieder liebevoll ihren Namen, *Emily*, gesagt.

Über dieser Verliebtheit hat sich dem Ferdinand sein Gemüt wieder aufgehellt, und die beiden konnten die Heimreise antreten. Kurz darauf hat der Ferdinand die Emily heimlich geheiratet. Den Leuten sagte er, er hätte sie gekauft, weil sonst hätten die ihn ja vielleicht für verrückt erklärt. „Seit wann gibt es eine Liebe zwischen einem Menschen und einem Motorrad?", hätten sie gefragt und ihm den Vogel gezeigt.

So aber konnten die Emily und der Ferdinand in Frieden leben und keiner hat sich gewundert, dass sie immer zusammen und viel unterwegs waren. Der einzige Wermutstropfen in dieser romantischen Beziehung war, dass die Emily sich bei den Ausfahrten im Regen immer ziemlich eingesaut hat und der Ferdinand sie danach waschen musste. Dabei stand er oft ratlos in einschlägigen Putzmittelhandlungen und hat nichts Passendes gefunden, das ihm gut genug für seine große Liebe gewesen wäre.

Da er, wie ich schon gesagt habe, wieder ganz klar war im Kopf, hat er sich plötzlich eines Nachts daran erinnert, dass er ja als Unternehmer ein rechter Hund ist und auf der Stelle ein Putzmittel samt Lappen erfunden, das mittlerweile das beste ist, was man auf dem Markt kaufen kann. Der Clou dabei war, dass es zum Reinigen nicht einen einzigen Tropfen Wasser brauchte, was der Umweltschutzbehörde mächtig imponierte. Damit auch Ausländer das Produkt kaufen können, hat er ihm den englischen Namen *Clean Emily* gegeben, was auf Deutsch soviel heißt wie reinliche Emilie.

Um nicht die ganze Arbeit allein machen zu müssen, hat sich der Ferdinand geschäftstechnisch mit dem Kevin, einem jungen Mann aus der Schrauberszene zusammengetan, der nicht einmal halb so alt war und der von der Arbeit nicht so schnell müde wurde wie er. Darüber hinaus hat er sich gedacht, dass er mit dem auch gleich ein günstiges Fotomodell für die Werbung hat, weil er selber nur noch bei Nacht so gut ausgeschaut hat wie früher.

Die Rechnung ist aufgegangen. Das Putzmittel hat eingeschlagen wie eine Bombe, und heute sind der Ferdinand und der Kevin unter den erfolgreichsten Herstellern von dieser Art von Reinigungsmitteln. Darüber sind sie beide wohlhabend und zufrieden geworden, und der Ferdinand ist schon wieder der gleiche alte Angeber wie früher.

Alles hat er sich neu gekauft. Ein neues Haus, ein neues Auto und ein neues Mobiltelefon. Nur die Emily hat er nicht durch eine neue Harley ersetzt. Weil er ganz genau wusste, dass die Liebe zu ihr ihm das Leben gerettet hat und dass er ohne sie noch immer auf dem Balkon über dem Englischen Garten sitzen und traurig dreinschauen würde."

Albert sah seinem Enkel tief in die Augen und sagte: „Da siehst Du einmal, wozu die Liebe fähig ist. Sie vertreibt Dir die Wolken aus dem Hirn, lässt Dich wieder fröhlich sein und führt Dich am Ende zurück zu deinem Ursprung, zu dem Menschen, der Du warst, bevor die Probleme Dich verändert haben."

Albert setzte den Jungen vorsichtig ab und schnäuzte sich lautstark. Auch ihn erreichte diese Geschichte immer wieder, obwohl er natürlich rein vernunftsmäßig wusste, dass die Liebe zwischen einem Menschen und einem Motorrad schon eine etwas schräge Angelegenheit war.

An seinen Enkel gewandt sagte er: „Es kommt nur auf das Gefühl an, nicht darauf, wen oder was man liebt. Wenn *Du* Dich wohl fühlst, ist alles gut, und auf das, was die Leute sagen, kannst Du immer pfeifen. Schreib Dir das hinter die Ohren, Bub."

Gottfried strahlte seinen Opa mit großen Augen an und sagte, dass er das verstanden hätte und dass er hoffe, auch so eine große Liebe zu finden wie der Ferdinand, wenn er einmal das Alter dafür hat. Dann nahm er vorsichtig eine Dose Clean Emily von der Anrichte und putzte andächtig den Rollstuhl seiner Großmutter, bis der blitzte und strahlte. Adelheid strich ihrem Enkel liebevoll durchs Haar und sagte:

„Du wirst dein Glück schon finden, Kleiner. Halte

einfach die Augen offen. Es muss ja nicht gleich ein Motorrad sein. Ein nettes Mädchen tut es auch."

„Ist schon gut, Oma", sagte Gottfried. Vor seinem geistigen Auge sah er sich mit einer blank gewienerten Harley und fliegenden Haaren über die bayerische Landschaft brettern.

Das mit dem netten Mädchen konnte er später immer noch machen.

Zeitgleich

In der Nacht zum letzten Freitag
Starb ein Mann, den ich nicht kannte
Während hoch in Deutschlands Norden
Eine alte Scheune brannte
Ich persönlich war im Kino
Und mein Sohn in Afrika
Wo zum allerersten Male
Er ein Gnu in Freiheit sah
Unvorstellbar, dass dies alles
Völlig zeitgleich vor sich ging
Und dass just zu diesem Zeitpunkt
Sich ein Haar im Kamm verfing

Ein glücklicher Augenblick

Es war ein kleiner Trauerzug, der sich an diesem Dezembernachmittag 2018 über den alten Friedhof im Ostteil von Berlin bewegte. Vier Männer in Uniform zogen den mit schwarzem Tuch bespannten Leichenwagen, auf dem ein schlichter Sarg aus Fichte lag, daneben ein Kranz mit Schleife, auf der „Danke, Tata!" zu lesen war und eine einzelne rote Rose.

Die kalte Wintersonne blendete die dem Licht entwöhnten Augen der Trauernden und beschien die Gräberkolonien sowie die bizarr wirkenden, unbelaubten Bäume, die entlang des mit Natursteinen gepflasterten Weges standen und lange, magere Schatten warfen. Von außerhalb des Friedhofs war das Lachen spielender Kinder zu hören.

Fünf Tage war es jetzt her, dass das Leben des Gastwirts Wiktor Kowalczyk, sechsundachtzigjährig, ausgegangen war wie das Licht einer herunter gebrannten Kerze. Immer kleiner ist die Flamme geworden. Nur kurz vor dem Ende war noch ein Aufflackern, das für ein paar Stunden eine trügerische Hoffnung genährt hatte, doch dann war es vorbei.

Vielleicht hätte Wiktor noch länger gelebt, wenn Oliwia, seine Frau, nicht dement geworden wäre und ihn so schon vor Jahren verlassen hätte. Der Schmerz, den er empfunden hatte, als *Sloneczko*, seine kleine Sonne, wie er sie liebevoll nannte, ihn auf einmal nicht mehr erkannte, war größer als der aller Wunden, die ihm das Leben bis dahin geschlagen hatte. Erst hatte er rebelliert, den Herrgott angeklagt und sein Schicksal verflucht, aber dann ist er immer stiller geworden und am Ende musste auch er, der alte Haudegen, begreifen, dass es im Leben Dinge gibt, die unverrückbar sind.

Direkt hinter dem Sarg gingen Patrycja, die Tochter von Wiktor und ihre Mutter Oliwia, die, unbeteiligt wie bei einem Sonntagsspaziergang, langsam und schleppend einen Fuß vor den anderen setzte. Ihre Mimik war ohne Bezug zu dem, was um sie herum geschah. Manchmal huschte ein Lächeln über ihr Gesicht, dann wieder wirkte sie trotzig und verärgert. Es waren unkontrollierte Reflexe. Für sie hatten Zeit und Umstände keine Bedeutung mehr. Jeder Tag war wie der andere.

Hinter den beiden gingen Michael, Wiktors Schwager und Zuzanna, dessen Frau. Der pensionierte Hausbesorger und die ehemalige Krankenschwester waren die einzigen Verwandten, die in ihrer Nähe lebten und in all den Jahren seit ihrer Umsiedlung nach Berlin den Kontakt nie hatten abreißen lassen. Michael trug ein frisches Blumengebinde und kämpfte mit den Tränen. Mit der rechten Hand hielt er sich am Handgelenk seiner Frau fest. Sie wirkte gefasster als er.

Die Grabrede des jungen Geistlichen war kurz und von wenig Emotion getragen. Man konnte heraushören, dass er den Toten nicht gekannt hatte, aber er war bemüht, die wenigen Fakten, die ihm zugetragen wurden, zu einem schlüssigen Ganzen zusammenzufügen. Als er fertig war, senkten die vier Uniformierten den Sarg behutsam in die Grube ab.

Jetzt füllten sich auch Patrycjas Augen mit Tränen und sie gab es auf, sich gegen das Mitgefühl der anderen zu wehren. Ihre Mutter stand still an ihrer Seite. Steif wie ein Stock und ohne sichtbare Gefühlsregung ließ sie die Umarmungen über sich ergehen.

Als der älteste der Totengräber eine Trompete hervor kramte und das Stück „Näher mein Gott zu Dir" anspielte, legte Oliwia plötzlich den Kopf zur Seite und horchte auf wie ein neugieriges Vögelchen.

„Wiktor?", fragte sie, kaum hörbar, und ein Leuchten huschte über ihr Gesicht.

Sloneczko, Wiktors kleine Sonne, war noch einmal aufgegangen.

Latte Mattschatto

Es war auf einer dieser endlos anmutenden Autofahrten vom Norden Deutschlands Richtung Süden. Karin, mein liebes Weib, hatte in der Nähe von Berlin einen Konzerttermin, und ich nutzte die Gelegenheit, einen alten Weggefährten aus meiner aktiven Zeit zu besuchen. Die Nacht war kurz und hinter uns lagen mehr als vier Stunden Fahrt in brütender Hitze. Eine Pause war überfällig. Die Abwasserdepots unserer Körper meldeten hohe Füllstände und die Müdigkeit hatte mich am Kragen.

An der Raststation Frankenwald, irgendwo zwischen Leipzig und Bayreuth, machten wir halt. In dem einzigartigen Brückenrestaurant, hoch über der Autobahn, stärkten wir uns mit einer Rinderroulade und Rotkraut; eine Entscheidung von mittlerer Klugheit, denn sie sorgte dafür, dass alle Energie im Magen benötigt wurde, um das Ungeheuer zu verwerten. Unter uns raste der Verkehr ohne Unterbrechung.

Um unsere Lebensgeister wieder zu wecken, machten wir uns auf den Weg in die Cafeteria im Erdgeschoss. Ein Espresso sollte das Wunder bewirken. Wir waren nicht allein. Vor dem Tresen wartete schon eine endlose Schlange ungeduldiger Leidensgenossen.

Die Bedienung, ein freundliches, dunkelhaariges Mädchen, mit einem unüberhörbar sächsischen Akzent, versuchte tapfer, mit dem Ansturm klarzukommen. Sie wirkte ruhig und entspannt.

Als ich endlich an der Reihe war, bemerkte ich, wie sich hinter mir ein kräftiger Mann Raum verschaffte, den ich bis dahin nur gerochen hatte. Er war vielleicht Anfang vierzig, einen guten Kopf größer als ich und sehr aufgeregt. Seine Haare waren auf dem Hinterkopf zu einem kleinen Knoten zusammengebunden. Ein winziges Büschel stand kerzengerade nach oben. Der athletische Körper wurde durch ein eng anliegendes Unterhemd noch betont und seinen Oberarm schmückte ein Tattoo. „The winner takes it all", stand da zu lesen und am Ende dieser Weisheit eine Faust, die einer pinkfarbenen Rose als Vase diente.

Als er sich für einen Moment zu seiner hinter ihm stehenden Begleiterin umdrehte, entdeckte ich auch *Gloria*, eine nackte, vollbusige Schönheit, die seinen Nacken zierte. Nur ihr Unterleib entzog sich schamhaft meinem Blick. Wegen seines Unterhemds. Ich stellte mir vor, wie die Schöne wohl aussehen wird, wenn der Jüngling dereinst in mein Alter kommt.

Noch während ich zahlte, hatte ich das dunkle Gefühl, dass seine Geduld sich abbaute.

„Latte Mattschatto, zwei Stück!" hörte ich ihn bellen und spürte, dass ich seinen Vorwärtsdrang behinderte. Gelenkig griff ich nach meinen Getränken und suchte das Weite.

„Jetzt nur keinen Ärger", schoss es mir durch den Kopf.

Das Mädchen hinter dem Tresen schaute ihren Kunden fragend an. Sie schien seine Bestellung nicht verstanden zu haben. Der Hüne richtete sich auf und herrschte sie an:

„Zwei Latte Mattschatto, habe ich gesagt. Rede ich undeutlich, oder was?"

„Nein, natürlich nicht", sagte das Mädchen. „Ich war nur für einen Moment abgelenkt. Zwei Latte Mattschatto. Sofort."

Mühsam unterdrückte sie ein Lachen.

Hinter dem Mann, in der Warteschlange, war die Wortschöpfung jetzt angekommen. Lachen lockerte die Stimmung auf. Der Held blieb unberührt. Er drehte sich zu seiner Flamme um und zog die Augenbrauen hoch.

„Voll krass, das Personal", meinte er lautstark. Sie nickte und leckte gelangweilt an ihrem Oberlippenpiercing.

„Bitte sehr, Ihre zwei Latte Mattschatto", sagte das Mädchen laut und deutlich und kassierte den Rechnungsbetrag. Sie hatte sich wieder gefangen.

Der Mann beachtete sie nicht weiter. Gemeinsam

mit seiner Hulda schritt er zur Polsterbank in der Ecke und ließ sich genervt in den Sitz fallen.

„Was für ein beeindruckender Hohlraum!", sagte der schmächtige Jüngling, der jetzt an der Reihe war, zu der Bedienung. Er strahlte die Kleine an. „Du warst echt cool."

Dann hob er die Stimme und fragte so laut, dass jeder es hören konnte: „Sagen Sie mal, Fräuleinchen, empfehlen Sie zur Tomatensauce Spatschetti oder Knotschi?"

Es dauerte etwas, bis der Gag ankam. Doch dann brachen die Wartenden in brüllendes Gelächter aus. Auch das Mädchen hinter dem Tresen konnte nicht mehr an sich halten. Sie weinte vor Lachen. Alle Augen waren auf den Hünen gerichtet, doch der blieb von diesem Vorgang unberührt.

Ein Kind filmte die Szene mit dem Handy.

Der Star war sich weder bewusst, dass er der Grund für die plötzliche Heiterkeit war, noch dass er zur Entkrampfung der gestressten Meute beigetragen hatte. Vollkommen in sich gekehrt schlürfte er seine Latte. Am Ende wischte er sich mit dem Handrücken den Schaum vom Mund und dann an die Hose und verließ samt seiner Schönen den Schauplatz. Er tat dies aufrecht und ohne uns, den Rest der Menschheit, eines einzigen Blickes zu würdigen.

„Was für ein gesegneter Mensch", sagte Karin.

Der Seitenwechsel

1

Barbara Badstuber tat sich an diesem Februarmorgen besonders schwer, sich vom Chat mit ihren Enkelkindern zu lösen und in ihre eigene Wirklichkeit zurückzukehren, eine Welt, die Hans, ihr Mann, gerade dabei war, zum Einsturz zu bringen.

Sein Auftritt am Abend zuvor, als er während ihrer Abwesenheit Peter, seinen besten Freund, wegen einer Lappalie vor die Tür gesetzt und sich dann, gerade als sie wieder nach Hause gekommen war, kommentarlos in sein Zimmer verdrückt hatte, ging ihr nicht aus dem Kopf und machte ihr Angst. Hätte Peter sie später am Abend nicht noch angerufen, hätte sie gar nicht gewusst, was vor sich gegangen war.

Niedergeschlagen klappte sie ihren Laptop zu und legte den Kopf in ihre Hände. Sie wirkte noch zarter und kleiner als sie ohnehin schon war, und sie fühlte sich leer und ausgebrannt wie niemals zuvor.

„Was wird als Nächstes kommen?", fragte sie sich. „Wo wird das alles noch enden?"

Das allwöchentliche Skypen mit ihren Enkelkindern im fünfzehntausend Kilometer entfernten Adelaide zählte zu den schönen Momenten in Barbaras Alltag und es gab ihr immer einen Stich ins Herz, wenn sich Emma und Liam mit ihrem „Bye, Grandma, talk to you soon!" von ihr verabschieden mussten, weil es an ihrem Ende der Welt langsam Zeit wurde, ins Bett zu gehen.

Während die Kinder sich für die Nacht zurechtmachten, blieb noch Zeit für ein paar Worte mit Stefanie, der Mutter der beiden. Gerade lange genug, um sich über die neuesten Entwicklungen in der jungen Familie auszutauschen und die Fragen nach dem eigenen Wohlbefinden mit einem „Alles gut, Kleines" und „Papa lässt Euch grüßen", möglichst geräuschlos wegzudrücken.

Schon früher, als Barbara noch als gefragte Simultandolmetscherin berufstätig war und Stefanie zu Hause lebte, waren die beiden eng miteinander verbunden. Stefanie konnte mit ihrer Mutter alles besprechen, was sie während ihres Heranwachsens bewegte und Barbara fand in ihr im Bedarfsfall eine geduldige, mitfühlende Zuhörerin.

Als Stefanie dann bei einer Geschäftsreise in New York ihren späteren Mann kennenlernte und klar wurde, dass sie ihm in seine Heimat Australien folgen würde, bedeutete das für Barbara einen herben Verlust. Im Laufe der Jahre ist der Schmerz zwar weniger geworden, aber so richtig Frieden schließen konnte sie mit der Situation nie.

Hans, Barbaras Mann, sah die Sache pragmatischer. Für ihn war es ein Stück Normalität, dass ihre Tochter flügge geworden war und ob sie jetzt in Wanne-Eickel einem fremden Mann gehörte oder in Adelaide, machte für ihn keinen Unterschied. Nur die Enkel hätte er gerne näher gehabt, aber da er nie erfahren hatte, wie sich das anfühlt, konnte er sich mit den Gegebenheiten leichter abfinden.

Ein einziges Mal, 2014, als die junge Familie anlässlich seines sechzigsten Geburtstags nach Bregenz gekommen war, hatte Hans auf Drängen von Barbara versucht, seinem Schwiegersohn in gebrochenem Englisch eine Umsiedlung nach Vorarlberg schmackhaft zu machen und dabei auf seine zahlreichen Kontakte bei der Bank verwiesen.

„Nice try. Netter Versuch", hatte Bob lachend gesagt und seinem Schwiegervater einen Schlag auf die Schulter verpasst, dass der sich trotz seiner stattlichen Größe von fast einem Meter neunzig beinahe das Genick gebrochen hätte und später dieses Thema tunlichst vermied. Als Entwicklungsingenieur hatte sich Bob bei einem der größten Robotic–Unternehmen Australiens schon als junger Mann einen Namen gemacht und eine solide Existenz gesichert. In Österreich hätte er in jeder Hinsicht von vorne anfangen müssen, was überhaupt keinen Sinn ergeben hätte. Auch Stefanie hatte sich in all den Jahren schon so an ihr neues Leben gewöhnt, dass ihr die alte Heimat wie eine Spielzeugwelt vorkam. Die Kinder sprachen ohnehin nur Englisch und hatten in Australien ihre Heimat, ihre Schule und ihre Freunde.

Barbara raffte sich mit einem Seufzer auf und machte sich auf den Weg in die Küche. Es war kurz vor zehn. Draußen, vor dem Fenster, schien zum ersten Mal in diesem Februar die Sonne. Auf der Josef-Huter-Straße war der Verkehr schon in vollem Gange. Im Radio sang Nana Mouskouri „There is a place in my heart" und Barbara summte mit. Sie schaltete die Kaffeemaschine ein, setzte das Wasser für die Eier und Hans' Tee auf, deckte den Frühstückstisch und zündete eine Kerze an. Diese allmorgendliche Routine brachte sie zurück in ihre Mitte und die Bilder der Umgebung begannen in ihr Bewusstsein einzudringen.

Sie sah den blauen Himmel, das Kloster Sacré Coeur vor der Kulisse der schneebedeckten Schweizer Berge, die schon voll im Licht der kalten Morgensonne standen, das Funkeln der Sendemasten auf dem Säntis und dem Hohen Kasten und ein erstes verwirrtes Bienchen, das taumelnd am Fenster vorbeiflog.

„Wo kommst Du denn her?", fragte sie die kleine Erscheinung, aber da war sie auch schon wieder verschwunden.

Zur gleichen Zeit stand Hans Badstuber im Bad und konnte im Spiegel nur einen alten, unrasierten Mann erkennen, der ihn missmutig anstarrte. Seine grauen, kurz geschnittenen Haare standen ohne System kreuz und quer auf seinem Kopf und seine Augen waren gerötet. Die Kopfschmerzen, die ihn die ganze Nacht wachgehalten hatten, waren auch nach dem mehrmaligen Einwurf von Aspirin nicht weniger geworden und der Magen rebellierte.

Schwach erinnerte er sich an seine Großtat vom Abend zuvor, als er seinen einzigen Freund, den Kastinger Peter, nach einem Streit über die Zukunft der Sozialdemokratie aus dem Haus gewiesen und ihm gesagt hatte, er solle sich nie wieder blicken lassen. Peter war schon seit der gemeinsamen Studienzeit in Innsbruck politisch auf der anderen Seite, erst als glühender Verehrer der Kommunisten und dann, später, als gemäßigter roter Intellektueller. Hans hatte zeit seines Lebens nie etwas anderes als Schwarz gewählt und war, wie er meinte, gut damit gefahren. Auf jeden Fall haben die beiden ein paar Viertel Wein getrunken und sich dabei argumentativ so ineinander verkeilt, dass Hans am Schluss nichts Klügeres mehr eingefallen ist, als seinen Freund darauf hinzuweisen, dass *er* hier zuhause sei und nicht Peter.

„Und überhaupt", hörte er sich zum krönenden

Abschluss sagen, „lasse ich mir von einem realitäts-fernen Lehrer nicht erklären, wie die Welt funktio-niert."

„Du kannst Dich ja melden, wenn Du wieder bei Sinnen bist", hatte Peter daraufhin erwidert und ist, ohne ein Wort des Abschieds, hinausgestürmt.

Vage erinnerte sich Hans noch daran, dass kurz darauf Barbara im Rahmen der Eingangstür gestan-den hatte und wissen wollte, was los sei und er wuss-te auch noch, dass er, ohne ihr zu antworten, in sein Zimmer gegangen war und die Tür hinter sich zuge-schlagen und abgeschlossen hatte. Er hatte sich be-nommen wie ein kleines, bockiges Kind.

„Das Gespräch mit Barbara kann ja heiter werden", sagte er zu seinem Spiegelbild. „Ich bin gespannt, wie Du aus diesem Schlamassel wieder herauskommen willst."

Dann machte er sich auf den Weg in die Küche.

3

Als Hans in Barbaras Sichtweite kam, sah diese schon aus den Augenwinkeln, dass es um ihren Mann an diesem Morgen nicht gut bestellt war. Er war das personifizierte schlechte Gewissen und sah übel aus. Sie verkniff sich einen Kommentar zum Vortag und nahm sich vor, ihn von sich aus kommen zu lassen.

„Ist das nicht ein wunderschöner Morgen, Du alter Griesgram? Hast Du schon aus dem Fenster geschaut?", fragte sie mit einem aufmunternden Lächeln.

Hans nickte mürrisch, setzte sich wortlos auf seinen angestammten Platz und stierte vor sich hin. Er sah weder den schönen Morgen noch seine Frau, die, adrett zurechtgemacht wie immer, vor ihm stand. Muffig, wie er war, zog er es vor, noch eine Zeit lang sprachlos in Sicherheit zu bleiben. Auf keinen Fall wollte er riskieren, in seinem Zustand den gestrigen Abend ins Gespräch zu bringen. Er musste ein Thema finden, das seinen Auftritt vergessen machte und den Übergang in einen normalen Tag ermöglichen würde.

Barbara kannte diesen Anblick nur zu gut. Seit seinem Rentenantritt vor knapp einem Jahr hatte sich ihr Mann verändert. Die Hochphase während der Kreuzfahrt, die sie unmittelbar nach seinem Ausstieg unternommen hatten, hielt nur kurz vor. Hans wirkte zunehmend lebensabgewandter, klagte über alles und jeden und schien nur noch in seiner Welt zu leben. Er kam morgens schwer in die Gänge und wusste immer weniger mit seiner Zeit anzufangen. Jede ihm angebotene Möglichkeit der Teilhabe wies er weit von sich, und er ließ nicht zu, dass das Leben zu ihm kommt und ihn überrascht. Lieber saß er da und sinnierte vor sich hin.

„Möchtest Du mir nicht etwas sagen?", fragte Barbara, nachdem sie erkannt hatte, dass ihr Mann von selber nicht auf das Thema kommen würde. „Vielleicht fühlst Du Dich danach ja besser."

Hans schnaubte wie ein widerspenstiger Gaul und machte einen radikalen Themenschwenk.

„Ich wäre froh, wenn ich so sorglos sein könnte wie Du und in der Lage wäre, all den Wahnsinn, der jeden Tag auf der Welt geschieht, zu ignorieren", sagte er mit vorwurfsvollem Ton.

Barbara war überrascht von dieser Wendung.

„Was meinst Du damit?", fragte sie.

„Siehst Du denn nicht", fuhr er fort, „wie alles um uns herum in die Brüche geht und kein Stein mehr auf dem anderen steht? Ich meine: wie schaffst Du es nur, das nicht auf Dich wirken zu lassen?"

Mit einem vernichtenden Blick sah er seine Frau an.

Barbaras innere Warnlampe schaltete auf tiefrot. Instinktiv ahnte sie, in welche Richtung Hans das

Gespräch zu lenken versuchte und bemühte sich, Ruhe zu bewahren. Sie wusste, dass sie jetzt hellwach sein musste, wenn diese Unterhaltung nicht ausufern sollte.

Die Tatsache, dass ihr Mann sich mehr und mehr in einen lamentierenden Proleten verwandelte, war für sie schwer zu ertragen. Er war nur noch ein Schatten seiner selbst. Früher, als sie zusammen studierten, stach er aus den anderen heraus. Er war witzig, intelligent und kämpferisch. Einzig sein Freund Peter, der wie er, in ihrer gemeinsamen Zeit in Innsbruck Mathematik studierte, konnte ihm Paroli bieten. Das gelegentlich vor Publikum ausgetragene Streitgespräch Lehramt (Peter) gegen Wirtschaft (Hans) war ein Klassiker bei ihren von Alkohol getränkten Auftritten in den einschlägigen Lokalen und strotzte nur so von rhetorischer und dialektischer Finesse.

Barbara, das Küken in der Runde, war immer stolz auf *ihren* Hans und nahm seinen Rat gerne an. Er hatte ihr beigebracht, dass es wichtig ist, sich politisch einzubringen, in der Gemeinschaft seinen Platz einzunehmen, aber auch, dass es von großer Bedeutung ist, das Machbare zu erkennen und das nicht Veränderbare zu akzeptieren.

Manchmal halfen ihr noch Gedanken an den Mann, der Hans einmal war, um sich zu beruhigen. Zupackend, mutig, auf das Leben vertrauend und immer da, wenn sie ihn brauchte. Damals, als Stefanie noch im Haus lebte und Hans Abteilungsleiter in der Bank am Kornmarkt war.

Anfangs, als sich erste Anzeichen seiner Veränderung bemerkbar machten, hegte sie noch die Hoffnung, dass alles nur eine Frage der Zeit sei und er irgendwann seinen Kopf verlassen und in diese Welt zu ihr zurück kommen würde. Aber diese Hoffnung hatte sich mittlerweile zerschlagen.

Hans fixierte Barbara mit seinem Blick und setzte unbeirrt seinen Monolog fort: „Gestern, in den Nachrichten, nur Chaos. Donald Trump, dieses narzistische Kind, verbarrikadiert sich im Weißen Haus und schmollt wegen seiner Mauer gegen die Mexikaner. Die Staatsbediensteten sind jetzt schon drei Wochen ausgesperrt und bekommen kein Gehalt. Morgens will er die Türkei wegen ihrer Kurdenpolitik vernichten, abends twittert er, dass er und Erdogan großartige Synergiepotentiale in der Wirtschaft der beiden Staaten entdeckt hätten. In Frankreich bringen die Gelbwesten den ganzen Staat in Bedrängnis, in Polen ermorden ein paar Wahnsinnige den Bürgermeister von Danzig, einfach so. Einen gemäßigten, offenen, jungen Mann mit eben mal dreiundfünfzig Jahren. Die Engländer treten Europa in die Tonne, ohne zu wissen, wie es danach weitergehen soll und in Deutschland streiken sich Bahn- und Luftverkehrspersonal einen Wolf. Die Sozialdemokratie ist weltweit auf dem Weg ins Nirwana und die Rechten scharen mit simplen Parolen immer mehr Frustrierte um sich, obwohl sie nicht den Ansatz einer Lösung in ihren kranken Köpfen haben. Putin kommt nachts vor Lachen nicht in den Schlaf, weil er zusehen kann, wie seine Destabilisierungsbemühungen die Demokratien im Westen immer weiter schwächen, und der Rechtsstaat ist außerstande, sich gegen die eigene und die importierte Kriminalität zu wehren. Europa ist nur noch ein Zerrbild dessen, was mit ihm einmal gemeint war. Obendrauf kommt das Dilemma der katholischen Kirche mit ihren Missbrauchsfällen und der Palastrevolte im Vatikan und ganz im Osten hockt China mit dem kleinen Nordkoreaner auf dem Schoß, schaut entspannt zu und wartet, bis ihm diese ganze dekadente Welt kampflos vor die Füße fällt. Und dann diese Meldung gestern bezüglich der Bilderberger. Wir sind nur noch von irgendwelchen Computern beobachtete Würmer, die von Kräften manipuliert werden, die außerhalb von Politik, Recht und Konvention stehen."

Hans hatte sich in Rage geredet. Sein Kopf war rot angelaufen und er keuchte.

„Verstehst Du eigentlich, was ich meine?", fragte er Barbara in einem aggressiven Ton und es schien, als ob er sie mit seinem Blick durchbohren wollte. In seiner Stimme schwang pure Verachtung.

Barbara blieb nach außen immer noch ruhig, obwohl ihr Wut und Enttäuschung fast den Atem nahmen. Dann sagte sie:

„Hans, ich habe das schon beim letzten Mal verstanden und beim vorletzten Mal und beim vorvorletzten Mal. Und deshalb sage ich Dir auch heute wieder, dass es besser wäre, wenn Du Dich von den Nachrichten fernhalten würdest. Mit Deinen Gedanken und Volksreden hilfst Du keinem, nicht den Amerikanern, nicht den Engländern, nicht den Franzosen und nicht dem Papst. Am wenigsten Dir selber."

Nach einer Pause fuhr sie fort:

„Schau, es ist nicht so, dass ich blind oder taub wäre. Aber ich tue halt das, was ich immer getan habe, das, was getan werden muss, damit etwas zu essen auf dem Tisch steht, wir uns zuhause wohl fühlen können und nicht im Dreck ersticken. Ich pflege unsere wenigen Freundschaften, schaue, dass der Kontakt zu unserer Tochter und ihrer Familie nicht abreißt, und ich versuche, Dir eine gute Frau, ein guter Partner zu sein. Es ist eine kleine Welt, für die ich mich einsetze, aber ich gebe alles, damit es eine gute ist. Würde ich mir, wie Du, über die ganze Welt und die Katholische Kirche den Kopf zerbrechen und hadern, würde ich sie keinen Millimeter verändern. Ich würde nur unsere Welt vernachlässigen und mir die Freude am Leben und die Kraft dazu nehmen."

Barbara hielt kurz inne und sah Hans fast flehentlich an: „Verstehst *Du* jetzt, was ich sage?", fragte sie eindringlich.

Nachdem keine Reaktion kam, sagte sie:

„Hans, denk doch an früher. Da warst Du anders. Du hast in deiner Bank dafür gesorgt, dass das Geld bestmöglich für die Kunden und Euch gearbeitet hat, hast Mitarbeiter entwickelt und Siege mit ihnen gefeiert. Bei Niederlagen habt Ihr gemeinsam eure Wunden geleckt und seid über die Jahre vielleicht sogar ein bisschen gescheiter geworden. Damals war die Welt auch nicht ohne Fehler, es waren halt andere Probleme.

Wir beide waren uns immer einig, dass, wenn die Familie und der Betrieb funktionieren und das alle so machen würden, wir eine bessere Welt hätten. Wir haben das uns Mögliche getan. Seitdem hat sich nichts verändert. Nur Du bist ein anderer geworden. Deine Fokussierung ist neu. Du siehst nur noch das Schlechte in der Welt und hast keinen Blick mehr für unser Glück. Du siehst nicht, dass wir gesund sind, dass unsere Tochter eine wunderbare Familie hat, dass wir hier Frieden haben und reden können, wie uns der Schnabel gewachsen ist.

Wann hast Du Dich das letzte Mal von Herzen gefreut? Hast Du schon gesehen, wie früh die Magnolien heuer treiben, wie schön der Schnee auf den Dächern anzusehen ist? Hast Du realisiert, dass der Hubert wieder gesund von seiner gefährlichen Expedition zurückgekommen ist, dass die Genoveva trotz ihres Alters ein gesundes Kind geboren hat? Ist Dir eigentlich bewusst, was für ein Glück es für uns bedeutet, einander zu haben und nicht allein leben zu müssen?

Vielleicht fängst Du damit an, das anzuerkennen, was wir haben und das zu tun, was getan werden muss. Im Keller könnten wir ein neues Regal brauchen, Du könntest ab und zu den Müll hinaustragen oder der alten Frau Huber den Weg zur Haustür frei schaufeln. Du könntest Dich mit deinem Fachwissen in der Stadt oder in der Pfarre einbringen oder benachteiligten Familien in der Schuldnerberatung dabei helfen, ihre Finanzen zu ordnen. Das wären Dinge, die die Welt verändern würden, nicht deine ewige Herumsinniererei.

Ich weiß auch, dass in der Welt viel verkehrt läuft und dass der Mensch bei Gott nicht immer eine gute Figur abgibt. Aber was nützt mir dieses Wissen? Nichts, absolut nichts. Und wenn ich auch nicht die ganze Welt retten kann, so kann mich doch keiner daran hindern, alles zu geben, dass unsere nicht untergeht. Und in diesem Bemühen lässt Du mich allein."

Barbara stand vor ihrem Mann und konnte ihre Erregung nicht mehr unterdrücken. Irgendetwas in ihr war zerbrochen. Mit Mühe versuchte sie, ihre Tränen zurückzuhalten, aber es musste einfach mal raus und sie konnte und wollte nicht immer den Mülleimer für ihren Mann geben, in den der sich nach Lust und Laune übergeben konnte.

Mit letzter Kraft holte sie noch einmal aus und sagte: „Hans, ich werde nicht an deiner Seite ausharren und zusehen, wie Du langsam vor die Hunde gehst, nur weil Du deinen Hintern nicht hochbekommst. Dazu fehlt mir die Kraft. Wenn Du das Gebot der Stunde nicht verstehst und Dich endlich neu erfindest, werde ich Dich verlassen, und ich verspreche Dir: Du siehst mich nie wieder! Nicht, weil ich nichts mehr für Dich empfinde, sondern weil Du mich schon vor Monaten verlassen hast und nur noch in deinem Kopf wohnst. Allein, bitter und so gut wie tot."

Mit diesen Worten wandte sie sich abrupt von ihrem Mann ab und stürzte aus der Küche. Sie zitterte am ganzen Körper.

„War das wirklich sie, die da gesprochen hatte? War das jetzt das Ende?", fragte sie sich.

In ihrem Zimmer angekommen, verriegelte sie die Tür und warf sich auf den Diwan. Die ganze Enttäuschung der letzten Monate brach sich mit einem heftigen Weinkrampf Bahn. Als der Druck etwas nachließ, griff sie zum Telefon und wählte die Nummer ihrer Schwester.

„Monika, ich bin's, Barbara. Ich muss mit jemandem reden."

„Was ist denn los, Schwesterherz?", fragte Monika besorgt.

„Ich möchte nicht am Telefon darüber sprechen. Kann ich für ein paar Tage bei Dir unterschlüpfen?"

„Aber sicher, solange Du willst. Wann möchtest Du denn kommen?"

„Gleich heute. Ich könnte am frühen Abend bei Dir sein."

„Das ist gut. Ruf mich an, wenn Du losfährst. Ich freu mich auf Dich."

„Danke", sagte Barbara, „wir sehen uns."

Dann wischte sie sich mit dem Ärmel die Tränen aus dem Gesicht, suchte ein paar Kleidungsstücke zusammen und packte ihren Koffer.

„Bloß nicht einknicken", sagte sie zu sich. „Da musst Du jetzt durch."

Hans hatte sich nach Barbaras Abgang nicht von der Stelle bewegt. Entgeistert und mit offenem Mund sah er in die Richtung, in die sie verschwunden war.

„Das hat sie noch nie getan. Was ist plötzlich los mit ihr?", ging ihm durch den Kopf. Hans verstand die Welt nicht mehr.

Er schaute an sich hinunter, auf den Schlafanzug, den er immer noch trug, auf die ausgelatschten Pantoffeln an seinen Füßen, deren Austausch er immer wieder verweigert hatte. Er dachte an den Mann, der ihn vorhin im Bad aus dem Spiegel angeschaut hatte, ging erneut seine Brandrede von eben durch und konnte nichts Falsches daran finden. Alles war genau so, wie er es gesagt hatte, und was wahr war, konnte man doch sagen.

„Oder vielleicht nicht?", fragte er beleidigt in den leeren Raum hinein.

Als Barbara wieder die Küche betrat, trug sie ihre Winterjacke und zog ihren Rollkoffer hinter sich her. Ihre Mimik war kontrolliert und ihre Stimme klang ruhig und beherrscht, als sie sagte, dass sie für ein paar Tage zu ihrer Schwester ginge.

„Ich muss nachdenken, Hans", sagte sie. „Du kommst sicher allein zurecht. Ruf mich bitte nicht an. Ich melde mich bei Dir, sobald ich wieder weiß, wo oben und wo unten ist."

Dann gab sie ihm einen flüchtigen Kuss und verließ das Haus.

Hans war unfähig zu reagieren. Wie paralysiert schaute er zur Tür, die eben hinter seiner Frau ins Schloss gefallen war.

„Das ist nicht fair", brach es endlich aus ihm heraus. „So lässt man seinen Mann nicht zurück, ohne zu reden, ohne eine plausible Erklärung."

Er ging zum Fenster und sah, wie Barbaras roter Golf hinter der Bushaltestelle Richtung Autobahn verschwand.

„Fahr´vorsichtig", hörte er sich sagen. Kopfschüttelnd machte er sich auf den Weg ins Bad.

Nachdem er sich halbwegs restauriert hatte, verließ er das Haus und lief ziellos durch die Straßen. In seinem Kopf war ein einziges großes Durcheinander. Der gestrige Abend, die verkorkste Nacht, das Gespräch mit Barbara, all das war zu viel für ihn. Als er nach zwei Stunden wieder zuhause ankam, war er nur noch müde. Er legte sich, angezogen wie er war, im Wohnzimmer auf das Sofa und schlief auf der Stelle ein.

4

In München hatte der Feierabendverkehr auf dem Mittleren Ring schon eingesetzt und es dämmerte, als Barbara am Gartentor ihrer Schwester in Denning klingelte. Hinter der Haustüre schlug Sir John, Monikas Foxterrier, an. Kaum hatte er freie Bahn, sprang er aufgeregt an Barbara hoch.

„Jetzt beruhige Dich doch", wies Monika den Hund zurecht und schubste ihn beiseite, um ihre Schwester willkommen zu heißen. Sir John markierte aufgeregt Barbaras Rollkoffer.

„Schön, dass Du da bist", sagte sie und nahm ihre Schwester in den Arm. „Wo sind denn deine langen Haare geblieben? Fast hätte ich Dich nicht wiedererkannt."

„Ich wollte mal was anderes ausprobieren", sagte Barbara. „Und Du, seit wann trägst Du Grau?"

„Ich färbe meine Haare schon seit über einem Jahr nicht mehr. Du siehst, es wurde Zeit, dass wir uns wiedersehen und auf den neuesten Stand bringen", sagte Monika mit einem Lachen. „Jetzt komm erst mal rein."

Während Barbara ihr Zimmer bezog und sich im Bad frisch machte, kümmerte Monika sich um das Abendessen.

„Nur ein paar Happen und ein Gläschen Wein", meinte sie, als Barbara vor dem gedeckten Tisch stand und das Arrangement bewunderte.

„Du hattest schon immer eine gute Hand, wenn es um das Anrichten einer Tafel ging", sagte Barbara. „Es sieht fast so aus wie früher, als Alexander noch lebte."

Monika ließ diese Bemerkung unkommentiert und schenkte den Wein ein.

„Grüner Veltliner ist doch okay für Dich?", fragte sie.

„Natürlich. Du kennst mich ja."

„Dann lass es Dir schmecken und komm erst mal wieder zu Kräften", sagte Monika.

Nachdem sie gegessen und gemeinsam das Geschirr abgeräumt hatten, setzten sie sich im Wohnzimmer auf die Couch. Monika dimmte das Deckenlicht und zündete eine Kerze an. Dann holte sie den Tokajer.

„Na dann, erzähl mal", sagte sie und hob ihr Glas.

„Ich weiß nicht so recht, wo ich anfangen soll", sagte Barbara zögernd.

„Am besten da, wo es begonnen hat", sagte Monika und kuschelte sich in ihre Ecke.

Barbaras Erzählung kam nur stockend in Gang, doch dann halfen die entspannte Atmosphäre und der Wein der Geschichte auf die Sprünge. Barbara sprach davon, wie Hans sich im Ruhestand verändert hätte, sie erzählte von dem Vorfall am Tag zuvor und dass er sie überhaupt nicht mehr sehen würde.

„Anfangs, nach dem Rentenbeginn, haben wir uns morgens öfter fein gemacht und sind zusammen in die Stadt zum Frühstücken gegangen. Danach haben wir noch unsere Einkäufe und Besorgungen erledigt und sind gemeinsam wieder nach Hause. So waren wir unter Leuten, haben unterwegs Bekannte getroffen und der Nachmittag gehörte jedem für sich allein. Abends sind wir ab und an ins Kino oder mal mit Freunden zum Essen gegangen oder wir haben Leute zu uns eingeladen.

Irgendwann wollte er morgens nicht mehr vor die Türe, später waren ihm die abendlichen Aktivitäten außer Haus zu viel und am Ende haben wir auch keine Freunde mehr eingeladen. Er hatte immer einen anderen Vorwand. Und dann, wie könnte es anders sein, wurden auch wir immer seltener eingeladen und die gesellschaftlichen Kontakte reduzierten sich auf zufällige Begegnungen auf der Straße."

Barbara kämpfte mit den Tränen.

„Mittlerweile kommt er morgens nicht mehr aus dem Bett und erscheint oft erst zwischen neun und zehn beim Frühstück; im Schlafanzug oder im Bademantel, unrasiert und ungewaschen. Es ist ein elender Anblick. Es sind keine normalen Gespräche mehr möglich und ich habe für ihn nur noch den Stellenwert eines funktionierenden Nutztiers."

Monika legte ihrer Schwester die Hand auf den Arm.

„Ich kann Dich nur zu gut verstehen", sagte sie.

„Auch bei Alexander hat sich nach seiner Pensionierung eine ähnliche Entwicklung abgezeichnet und er hat sich sehr verändert. Aber dann hat ihm die Krebsdiagnose das Denken abgenommen und die Prioritäten neu sortiert. Das Wissen um die Tatsache, dass seine Lebenserwartung sich dramatisch verkürzt hatte, hat den Blick für die wesentlichen Dinge schlagartig geschärft. Als der erste Schock überwunden war, hat er sich einen MG, einen englischen Roadster, gegönnt, wir sind gemeinsam auf eine vierwöchige Reise durch die amerikanischen Südstaaten gegangen und haben im Lauf der Zeit alle Hauptstädte Europas besucht. Von diesen Dingen hat er schon als Student geträumt. Nichts davon wäre vorher denkbar gewesen für den alten Sparmeister. Keine Ahnung, wie unser Leben verlaufen wäre, wenn es nicht so gekommen wäre.

Was ich Dir damit sagen will, ist, dass Du noch nicht aufgeben solltest. Der Hans, den Du von früher kennst, als er noch aktiv im Berufsleben stand, ist ja nicht gestorben. Irgendetwas blockiert ihn, bremst ihn aus, verdeckt ihn. Damals, bei Alexander, vor seiner Krankheit, habe ich mich einmal bei unserer Mutter ausgeheult, Gott hab sie selig, und sie hat mir geraten, nicht abzuwarten, sondern die offene Auseinandersetzung mit ihm zu suchen. Nicht abwertend oder verletzend, aber eindeutig. Leider hatte ich nicht mehr die Gelegenheit, die Wirkung eines solchen Gesprächs zu erleben. Es ist anders gekommen."

Monika schnäuzte sich lautstark und fuhr fort:

„Hast Du je mit Hans über das Thema gesprochen, so wie Du das jetzt mit mir getan hast?"

„Nein", sagte Barbara. „Ich habe mich meist in Andeutungen ergangen, weil ich ihn nicht kompromittieren wollte, und habe gehofft, dass er selber erkennt, dass sein Verhalten falsch ist, aber nachdem das nicht passiert ist, kam es zu heftigen Ausbrüchen meinerseits, bei denen er nach wenigen Minuten das Weite gesucht und mir vorgeworfen hat, dass ich hysterisch sei."

Monika hielt kurz inne. Dann fuhr sie fort:

„Die Psychologin, die uns während Alexanders Krankheit begleitete, hat zu mir einmal gesagt, dass vor allem ehemals erfolgreiche Männer beim Renteneintritt eine Identitätskrise durchmachen, die mit der Ich-Findung in der Jugend gleichzusetzen sei. Allerdings würde der Vergleich insofern hinken, als in der Jugend das Leben noch vor einem läge und Verwirrung ein normaler Teil dieser Lebensphase sei, während beim Rentner diese Krise am Ende eines langen Berufslebens stattfände, also zu einem Zeitpunkt, an dem sich das Selbstbild und die Persönlichkeit schon als feste Größe im Bewusstsein eingebrannt hätten. Das heißt, er, der ehemals Starke und Große, ist plötzlich verloren, ohne eine Rolle, die trägt, ohne eine schützende Maske, ohne einen Sinn zu machen. Er muss sich völlig neu erfinden. Und an dieser Aufgabe zerbrechen viele Leben, die der Männer und die ihrer Partner, weil sie nicht wissen, wie sie helfen sollen."

„Ich verstehe genau, was Du meinst", sagte Barbara. „Aber Hans ist mit diesem Problem nicht allein, und ich könnte Dir ausreichend Beispiele nennen von Männern, die sehr wohl einen Weg aus diesem Dilemma gefunden haben. Doch dazu muss jemand offen und bereit sein, dieser Herausforderung ins Auge zu schauen. Das kann ich nicht für ihn tun. Das muss er schon selber leisten."

Obwohl Monika diesen Einwand nachvollziehen konnte, holte sie noch einmal aus.

„Barbara", sagte sie, „Hans hat zeitlebens nicht zu kämpfen gelernt. Sowohl beim Studium als auch in der Arbeit haben sich die meisten Türen wie von selbst geöffnet. Das Gleiche gilt für seinen Zugang zu Frauen. Er ist ein vom Schicksal verwöhntes Kind, das erst jetzt, im Alter, seine Grenzen kennenlernt. *Das* ist sein Problem. Es ist das erste Mal, dass das Leben nicht zu ihm kommt, sondern er sich auf den Weg zum Leben machen muss. Wir, die wir älter werden, kennen das alle, aber ich glaube, Frauen können besser damit umgehen."

„Woher diese plötzliche Nachsicht, Schwesterherz?", fragte Barbara irritiert. „Hans ist kein Kind mehr und er kann sehen, was für Auswirkungen seine an den Tag gelegte Art hat. Doch das scheint ihm gleichgültig zu sein. Er ist immer noch intelligent, kann immer noch wahrnehmen und ist noch immer in der Lage auszuteilen. Also woher soll meine Motivation kommen, ihn zu bedauern? Dass Du mit deinem Schicksal eine andere Sicht auf deinen verstorbenen Mann hast, kann ich verstehen, aber für Hans ergibt sich aus deiner Geschichte kein Kredit. Das wäre einfach zu billig."

Monika wollte nicht weiter in ihre Schwester dringen und reduzierte den Druck.

„Alles, was ich Dir sage, ist, dass eure Beziehung zu wertvoll ist, um sie kampflos aufzugeben. Wäre ich Du, würde ich Hans unmissverständlich klar machen, was er mit seinem Verhalten anrichtet. Du musst ihn stellen, ihm deutlich machen, dass auch deine Kräfte endlich sind und dass Du im Notfall bereit bist, Dich zu retten, sprich: diese Beziehung hinter Dir zu lassen. Aber die Chance, das wirklich zu verstehen, die schuldest Du ihm. Weiteres möchte ich dazu jetzt nicht mehr sagen."

Barbara sah ihre Schwester an und war dankbar für ihre offenen Worte.

„Ich bin froh, dass ich Dich habe", sagte sie. Dann stand sie auf, zog Monika mit beiden Händen zu sich hoch und drückte sie. Sir John, der bis zu diesem Zeitpunkt vor sich hin gedöst hatte, witterte Aufbruchstimmung. Winselnd sprang er an den beiden hoch.

„Was hältst Du von einem Absacker im *Westin*

Grand?, fragte Monika.

„Du meinst die Bar in der Lobby des ehemaligen *Sheraton* in der Arabellastraße?"

„Genau die", sagte Monika.

„Liebend gerne", sagte Barbara, „vorausgesetzt, wir wechseln das Thema."

„Welches Thema?", fragte Monika und lachte.

Sir John stand kurz vor einem Herzinfarkt. Ihm ging das alles nicht schnell genug.

5

Als Hans von seinem Mittagsschlaf erwachte, stand die Uhr auf kurz vor sieben. Draußen war es bereits dunkel. Er musste mehr als fünf Stunden geschlafen haben. Zerknittert, wie er war, ging er ins Bad und stellte sich unter die Dusche. Das kalte Wasser spülte die Ereignisse des Vortags und das Gespräch mit Barbara wieder in sein Bewusstsein, doch er war immer noch unfähig, das Geschehen richtig einzuordnen. Es war, als ob er vor einem Bild stünde, dessen Aussage er nicht verstand.

Seine Kopfschmerzen waren zurückgegangen und sein Magen meldete sich zu Wort. Er hatte den ganzen Tag nichts gegessen und fühlte sich wacklig auf den Beinen. Unschlüssig stand er vor seinem Kleiderschrank und entschied sich am Ende für Jeans und Jackett. Dann hüllte er sich in seinen dicken Lodenmantel und machte sich auf den Weg zum *Goldenen Hirschen* in der Kirchstraße. Ein Bier und ein Gulasch würden ihn wieder aufrichten.

Als er die Gaststätte betrat, sah er Peter, der gerade einer älteren Dame in den Mantel half, die offensichtlich am Gehen war. Hans versuchte, sich in den oberen Stock davonzustehlen, aber da hatte ihn sein Freund schon entdeckt und winkte ihn an den Tisch.

„Hans Badstuber, Frau Dr. Moser", stellte er die beiden kurz vor. Sie wechselten ein paar Belanglosigkeiten, dann ließ Peters Bekannte die beiden Männer allein.

„Na, bist Du schon wieder klar im Kopf?", fragte Peter und bat Hans mit einer Handbewegung, Platz zu nehmen.

„Es tut mir leid wegen gestern", sagte Hans. „Es war wohl ein Glas zu viel."

So leicht wollte Peter ihn nicht davonkommen lassen.

„Du hast Dich sehr verändert in der letzten Zeit", sagte er. „Deine Ausbrüche häufen sich. Ein paar Gläser Wein können dafür schwerlich verantwortlich sein. Vielleicht sollten wir einfach mal reden, so wie früher."

Hans nickte und sagte: „Sicher hast Du recht, aber jetzt muss ich erst mal was zwischen die Zähne bekommen. Ich habe den ganzen Tag nichts gegessen."

In diesem Augenblick klingelte Peters Handy und er verließ mit einer entschuldigenden Handbewegung den Raum. Das gab Hans die Gelegenheit, ungestört sein Gulasch hinunter zu schlingen, das die Bedienung gerade gebracht hatte. Als Peter wieder zurückkam, bestellten sie zwei frische Bier und schwiegen sich an.

„Wo ist denn Barbara?", fragte Peter, um das Gespräch in Gang zu bringen.

„Bei ihrer Schwester in München", sagte Hans. „Wir hatten heute früh, im Nachgang zu meiner gestrigen Heldentat, ein leicht kontroverses Gespräch, und im Anschluss daran hat sie sich entschlossen, mich für ein paar Tage der Einsamkeit auszusetzen."

Hans wollte, dass seine Aussage witzig klingt, aber seine Mimik sprach dagegen. Er war immer noch nicht darüber hinweggekommen, dass Barbara einfach gegangen war.

„Ging es nur um unseren Diskurs", fragte Peter, „oder hast Du deine Performance nach meinem Abgang noch weiter ausgebaut?"

Hans erzählte ihm von dem morgendlichen Gespräch mit Barbara und versuchte, ihm seinen Standpunkt zu erläutern. Mit einem eher abfälligen Duktus listete er auch Barbaras Argumente.

„Ich weiß einfach nicht, was ich falsch gemacht habe", schloss er seinen Vortrag. „Auf keinen Fall reichen die Fakten für ein so hartes Urteil."

Peter reagierte nicht sofort und ließ eine Pause entstehen. Dann fragte er: „Verstehst Du wirklich nicht, was da abgegangen ist?"

Hans schüttelte den Kopf.

„Dann bist Du ernsthaft in Schwierigkeiten", sagte Peter, „denn Du hast offensichtlich deinen Instinkt versoffen."

Hans schaute ihn entgeistert an.

„Was meinst Du damit?", fragte er fassungslos.

„Ganz einfach. Du bist gerade dabei, euer Leben zu zerstören. Du lässt Barbara in ihrem Bemühen um eine neue Normalität in der Rente allein. Nachdem Du annähernd vierzig Berufsjahre geglänzt und ihre uneigennützige Unterstützung genossen hast, lässt Du sie jetzt, nach deinem Eintritt in den Ruhestand, mit einem lamentierenden, inaktiven, desinteressierten Penner in ihrem Alltag zurück und verabschiedest Dich schon mal in eine Welt, die nur in deinem Schädel stattfindet. Das ist nicht fair und ich kann gut verstehen, dass sie, trotzdem sie Dich aus irgendwelchen Gründen immer noch liebt, langsam ins Nachdenken kommt."

Dann, nach einer kurzen Weile, fragte er: „Kannst Du mich eigentlich hören?"

Hans konnte ihn hören, aber sein Gesichtsausdruck ließ nicht eindeutig erkennen, ob er verstanden hatte, was Peter ihm sagen wollte. Der war gerade erst in Fahrt gekommen.

„Weißt Du noch, damals in Innsbruck, wie alle aus unserer Clique, ich eingeschlossen, hinter Barbara her waren. Sie war klug, schön und *the sexiest girl on campus*. Aber sie hatte nur Augen für Dich. Warum, hat keiner verstanden, ich am allerwenigsten. Denn Du warst weder besonders gut aussehend, noch besonders aufmerksam, dafür aber besonders eingenommen von Dir. Sicher hattest auch Du deine Qualitäten, selbst wenn ich im Moment keine beim Namen nennen kann. Deshalb bist Du mein Freund. Aber dass Du das Glück, diese Frau an deiner Seite zu haben, jetzt mutwillig gefährdest, lässt mich an Dir verzweifeln.

Ich würde alles dafür geben, in deiner Situation zu leben. Natürlich war es mein freier Entschluss, mich nicht zu binden und anstelle dessen die Vielfalt des weiblichen Angebots zu genießen. Aber jetzt bezahle ich die Rechnung. Als alter Sack, der am Ende allein geblieben ist und den sich keine Frau, die bei Verstand ist, noch ans Knie binden würde. Auch das ist fair. Aber Du solltest nicht riskieren, in meine Lage zu geraten. Du würdest es nicht mögen. Und so, wie Du die Dinge geschildert hast, bist Du auf dem besten Weg dahin."

Peter holte nur kurz Luft. Er war noch nicht fertig.

„Was Du gestern aufgeführt und mir an den Kopf geworfen hast, habe ich Dir schon verziehen, als ich durch die Tür war. Ich habe ja gesehen, in was für einem Zustand Du warst. Aber solltest Du die Beziehung mit Barbara verblöden, anders kann ich es nicht nennen, dann werde ich Dich nie gekannt haben."

Abrupt stand er auf und sagte: „Meine Zeche geht auf Dich. Ich habe jetzt genug geredet. Und unterstehe Dich, mich anzurufen, bevor Du deinen Verhau aufgeräumt hast."

Dann stürmte er aus dem Gastraum.

Hans blieb regungslos auf seinem Platz sitzen und versuchte, das eben Erlebte zu ordnen.

Hatte er da gerade das Geheul eines einsamen, alten Wolfs gehört? War das wirklich sein Freund Peter, der ihm vorhielt, sich als Ehemann nicht gut zu benehmen, sich gehen zu lassen? War das seine Version, den Pudel daran zu erinnern, dass er gefälligst das Stöckchen zu bringen hätte? Hans konnte es nicht fassen.

Den Teil von Peters Vortrag, der vom Rückzug in seinen Kopf und der damit einhergehenden Vernachlässigung seiner Frau handelte, hatte Hans mittlerweile verstanden, auch den Vorwurf, dass es unfair sich selbst und dem Partner gegenüber sei, sich gehen zu lassen. Aber da war keine einzige Frage nach den Hintergründen seines Verhaltens, seinen Ängsten, seiner Leere. Wäre man das einem alten Weggefährten nicht schuldig? Musste Peter in seinem Alter und in seiner Situation nicht ähnliche Fragen haben, solche die über sein Alleinsein und sein Dauerthema mit Frauen hinausgingen? Warum führte er sich auf wie eine zänkische Ehefrau?

Hans wusste, dass Peter, der ehemals geachtete und bei seinen Schülern beliebte Mathelehrer, sich mittlerweile in unterschiedlichen Bildungseinrichtungen ehrenamtlich einbrachte, dass er Nachhilfestunden gab und Eltern von Problemkindern gelegentlich als außerschulischer Ansprechpartner zur Verfügung stand. Das, so meinte er, müsste ihn eigentlich ausfüllen. Was er aber erst jetzt, nach dieser Brandrede verstand, ist, dass sein Freund sehr allein war und sich wohl deshalb so verhalten hatte.

Hans nahm sich vor, das Gespräch mit Peter bei nächster Gelegenheit neu aufzusetzen, doch im Moment hatte seine eigene Baustelle Vorrang. Sie erforderte seine ganze Aufmerksamkeit.

Den Obstler, den ihm die Bedienung nach einem üppigen Trinkgeld spendiert hatte, kippte er mit Todesverachtung hinunter. Dann sagte er zu sich: „An die Gewehre!", stand auf und verließ das Lokal.

Während er mit weit ausholenden Schritten und eingezogenem Kopf durch die eiskalte Abendluft über die Kirchstraße nach Hause ging, begannen sich die Nebel in seinen Hirnwindungen langsam zu lichten. Zum ersten Mal seit langer Zeit.

Sein Unterbewusstsein begann zu liefern. Allesamt Ergebnisse seiner Analyse der letzten zwei Tage.

Die Kernbotschaft lautete: Es ist fünf vor zwölf. Zeit, sich aus der Totenstarre zu lösen.

6

München lag am Morgen nach Barbaras Ankunft in einem dichten Nebel und es nieselte. Sir John war der Verzweiflung nahe und sprang abwechselnd mal an Monikas, mal an Barbaras Tür hoch und kläffte, kurz und vornehm. Es war schon nach zehn und sein erster Toilettengang war überfällig. Endlich öffnete sich eine Tür.

„Vergib mir, Sir John", sagte Monika und gähnte ihr Tier an. „Ich habe verschlafen. Der Vorgarten gehört heute Dir."

Mit diesen Worten öffnete sie die Haustüre und Sir John tat, was getan werden musste.

Die Schwestern waren in der Nacht zuvor bis kurz vor zwei in der Hotelbar des Westin Grand gesessen und hatten ihre gemeinsame Zeit genossen. Es war lange her, dass sie sich so ausgiebig und ungestört unterhalten konnten, fast so wie früher, als sie noch Teenies waren und sich gegenseitig dabei halfen, die Tücken des Erwachsenwerdens zu umschiffen und sich trösteten, wenn einmal Liebeskummer angesagt war.

Monika lebte jetzt allein mit Sir John in dem viel zu großen Haus, aber sie konnte sich noch nicht entschließen, es zu verkaufen und in eine Wohnung zu ziehen.

„Es hängen so viele Erinnerungen dran", sagte sie,

„und ich bin froh um den Platz, wenn die Kinder mit ihren Familien zu Besuch kommen. Auch jetzt, da die Besuche immer weniger werden, weil halt viele Interessen unter einen Hut zu bringen sind. Du weißt ja, wovon ich rede."

Barbara nickte und überlegte, wann genau ihre Enkel das letzte Mal in Bregenz waren.

Zum Abschluss ihres langen Wiedersehenstages stöberten sie noch für die Dauer einer Tasse Tee in Monikas Fotoalben.

„Ich würde morgen, bevor ich fahre, gerne am Grab vorbeigehen, wenn das in Ordnung ist für Dich", sagte Barbara. Sie war seit Alexanders Beerdigung vor zwei Jahren nicht mehr da gewesen.

„Natürlich. Der Friedhof liegt unweit vom Bäcker. Wir gehen erst frühstücken und dann überraschen wir Alexander. Der wird sich sicher freuen", sagte Monika und lächelte tapfer.

Nachdem sich die beiden Frauen für den Tag zurechtgemacht hatten, setzten sie ihren Plan um.

Auf dem Grab lagen frische Blumen auf der feuchten Erde und das Holzkreuz war durch einen schlichten, dunklen Stein ersetzt worden. Ein Bild aus Porzellan zeigte Alexander lachend am Steuer seines roten MG Cabrios.

„Ich bin froh, dass er sich diesen Jugendtraum noch erfüllt hat", sagte Monika. „Er hat den Wagen geliebt und wir hatten eine gute Zeit mit ihm. Auf den wenigen Ausfahrten, die wir mit offenem Verdeck genießen konnten, fühlten wir uns um Jahre in der Zeit zurückversetzt, wie ein junges, verrücktes Liebespaar, aber natürlich wussten wir, dass die Uhr tickt."

Jetzt wurden Monikas Augen feucht und Barbara nahm sie behutsam in den Arm.

„Zwei Jahre später war er tot", sagte Monika und schüttelte den Kopf, als ob sie es noch immer nicht glauben konnte. Dann fuhr sie fort: „Wenigstens haben wir die verbliebene Zeit bewusst genossen. Ich wäre verrückt geworden, wenn ich mir das nicht immer wieder hätte sagen können."

Dann löste sie sich aus Barbaras Umarmung und schaute ihre Schwester eindringlich an.

„Ich weiß, wie sehr man ungefragte Ratschläge liebt", sagte sie, „aber Hans lebt. Ihr habt noch alle Karten im Spiel."

„Lass´gut sein, Monika", sagte Barbara. „Die Botschaft ist angekommen, doch bei uns liegen die Dinge anders."

Schon im Westin Grand hatte Monika einen Anlauf unternommen, Barbara deutlich zu machen, dass eine belastete Zweisamkeit immer noch besser sei als ein Leben allein, aber Barbara war da entschieden anderer Meinung. Hätte Monika die Entwicklungen der letzten Monate live miterlebt, wäre sie vermutlich auch zu einem anderen Schluss gekommen.

Barbara machte ihren Punkt noch deutlicher: „Für mich klingt das wie das Argument der Frau eines Trinkers, die ständig aufs Neue bereit ist, die Eskapaden ihres Mannes zu ertragen, nur um nicht allein leben zu müssen. Diese Frau ist wie ein Vögelchen, das sich im Käfig an die Rückwand drückt, obwohl die Tür weit offen steht. Sie tut das aus der Angst vor dem Unbekannten und ist deshalb bereit, das Drama, das ihr vertraut ist, zu ertragen. Damit gibt sie sich auf und vergeht sich an sich selbst."

„Du hast sicher recht", sagte Monika, „vor allem dann, wenn Hans nicht fähig oder willens ist, sich zu verändern. Ich meinte nur, dass es die Mühe wert wäre, das auszuloten, vorausgesetzt *Du* bist bereit für einen Neuanfang."

„Das versuche ich gerade herauszufinden, nur darauf finde ich hier und jetzt keine Antwort."

Monika setzte nicht nach.

Die beiden Frauen wandten sich gerade zum Gehen, als Monika fragte: „Wo ist eigentlich Sir John?" Sie hatte ihn vollkommen vergessen.

„Ich glaube, er hat eine Freundin getroffen", sagte Barbara mit Blick auf die Grabreihe hinter ihnen. „Wenn wir uns nicht beeilen, wirst Du bald Großmutter."

„Nicht doch, Sir John!", rief Monika entsetzt und ging entschlossenen Schrittes auf das junge Paar zu, um das Stelldichein zu beenden. Frustriert löste sich

Sir John von seiner Bekannten und folgte widerstrebend seiner Herrin.

„Was wirst Du jetzt tun?", nahm Monika das Gespräch wieder auf. „Fährst Du heute oder hast Du Dich anders entschieden?"

„Ich werde mich wieder auf den Weg Richtung Heimat machen", sagte Barbara. „Du hast genug für mich getan. Jetzt muss ich erst mal an den Tatort zurück."

Als die drei wieder zuhause angekommen waren, machte sich Barbara ans Packen. Sie wusste, was sie zu tun hatte und wollte keine Zeit mehr verlieren. Monika machte ihr ein paar Brote zurecht und stopfte zwei Flaschen mit frischem Wasser in ihren Rucksack.

„Meine guten Gedanken begleiten Dich", sagte sie. „Lass hören, wenn Du weißt, wohin die Reise geht."

Die beiden drückten sich.

„Danke für alles", sagte Barbara, kraulte Sir John noch einmal den Nacken und setzte sich ans Steuer.

Auf dem Parkplatz, kurz vor der Autobahn, wählte sie Hans´ Nummer.

7

Als das Telefon klingelte, war Hans gerade damit beschäftigt, die Spuren eines missglückten Spiegelei-Weitwurfs vom Küchenboden zu entfernen. Mit nassen Händen griff er nach dem Hörer.

„Badstuber", meldete er sich, klemmte das Gerät zwischen Kopf und Schulter und griff nach dem Handtuch.

„Hans, ich bin's, Barbara. Ist alles in Ordnung? Du klingst so weit weg."

„Ich kämpfe gerade mit meiner neuen Rolle als Koch. Es wird Zeit, dass Du das Kommando wieder übernimmst."

Es sollte witzig klingen, aber Barbara ging nicht darauf ein. Ruhig fuhr sie fort:

„Ich bin auf dem Weg. Was hältst Du davon, wenn wir heute Abend ins *Da Gino* zum Essen gehen und uns in Ruhe unterhalten?"

„Das ist eine gute Idee", sagte Hans und nahm den Hörer in die mittlerweile getrocknete Hand. „Bis wann wirst Du hier sein?"

„Spätestens gegen sieben. Würdest Du bitte für zwanzig Uhr einen Tisch bestellen, hinten im Familienzimmer? Dann sind wir ungestört."

„Gerne. Bis später. Pass auf Dich auf!", sagte Hans.

„Mache ich. Bis dann."

Hans hatte nach seiner Rückkehr vom Hirschen noch bis in die Morgenstunden darüber nachgegrübelt, was genau schief gelaufen war und er konnte Barbaras Vorwürfe mittlerweile nachvollziehen. Er hatte aber auch verstanden, dass das Problem tiefer lag und sein Verhalten nur ein Symptom darstellte.

Das ganze Problem fußte auf dem Umstand, dass er seit seinem Ausscheiden aus der Bank keine sinnvollen Inhalte mehr finden konnte und keine neue Identität, dass er mit der gewonnenen Freiheit nicht klar kam. Auch wenn er künftig gut angezogen im Wohnzimmer erschiene, den sinnlosen Palaver über das Elend in der Welt unterlassen würde, Barbara mehr zur Hand gehen, mit ihr ausgehen und Einladungen annehmen und aussprechen würde, würde das sein Kernproblem nicht lösen. Seine Leere würde bleiben.

Sie zu überkommen, war das Gebot der Stunde. Hier musste er weitergraben.

Und da waren ja auch die guten Nachrichten. Ihr Leben war finanziell abgesichert. Es gab weder kleine Kinder noch zu pflegende Eltern, die ihrer bedurften, und sie waren gesund. Und, was am meisten zählte: Es gab noch ein Gefühl. Barbara fehlte ihm bereits jetzt und die Stille im Haus war für Hans kaum zu ertragen.

„Wir haben schon so viele Stürme überstanden", sprach er sich Mut zu.

Hans bestellte bei Gino den Tisch und versuchte anschließend etwas Schlaf zu finden. Er wollte frisch sein, wenn er mit Barbara in die nächste Runde ging.

Gino hatte den Tisch festlich gedeckt und frische Blumen arrangiert. Er wusste, dass Barbara Wert legte auf einen schönen Rahmen, wenn es wichtige Dinge zu besprechen gab. Und danach hatte es geklungen, als Hans die Reservierung aufgegeben hatte.

Barbara war direkt zu ihrem Lieblingsitaliener gekommen. Es war bereits kurz nach acht, weil eine Totalsperre auf der A96 sie fast eine Stunde Umweg gekostet hatte. Sie war etwas verärgert, weil sie sich nicht mehr hatte frisch machen können vor dem Gespräch, aber jetzt waren die Umstände eben die, die sie waren.

Hans, der sich nach dem Empfang ihrer Whats-App zu Fuß auf den Weg gemacht hatte, war schon vor ihr da und beruhigte seine Nerven mit einem frisch gezapften *Jever*. Er hatte sich eigens in Schale geworfen und konnte kaum erwarten, in das Gespräch mit Barbara einzusteigen.

Sie begrüßten sich mit einer flüchtigen Umarmung. Barbara machte ihrem Ärger über den Verkehr kurz Luft, bestellte sich auch ein Bier und versuchte erst mal runter zu kommen. Hans ließ ihr Zeit.

Gino musste die Anspannung bemerkt haben, denn sein üblicher Redeschwall blieb aus und er ging direkt zur Bestellung über. Dann schloss er die Tür hinter sich und ließ die beiden allein.

„Möchtest Du zuerst oder soll ich?", fragte Hans.

„Fang ruhig an", sagte Barbara, „ich höre Dir zu."

Hans holte nicht weit aus. Er kam direkt auf seine mangelnde Aufmerksamkeit Barbara gegenüber zu sprechen und auf die Vernachlässigung seiner selbst. Das Treffen mit Peter sparte er aus. Das hatte Zeit.

„Barbara", beschloss er seine Ausführungen, „ich weiß, dass da vieles falsch gelaufen ist in der letzten Zeit und dass ich Dich mit der Bewältigung unseres neuen Lebensabschnitts allein gelassen habe, aber ich bin willens und in der Lage, das zu ändern und neue Saiten anklingen zu lassen. Ich möchte das jetzt nicht im Detail vor Dir ausbreiten. Vertraue einfach darauf, dass dem so sein wird."

Barbara schaute ihren Mann ungläubig an.

„Was ist passiert, Hans? Haben meine zwei Tage Abwesenheit das bewirkt oder hast Du einfach so nachgedacht?"

Hans gefiel der Ton ihrer Frage nicht, aber er ließ sich nicht beirren.

„Warte doch", sagte er, „ich bin noch nicht fertig. Der Hauptteil der Rede kommt erst."

„Entschuldige", nahm Barbara sich zurück und ging auf Empfang.

In dem Moment brachte Gino den Wein und das Essen. Als er aufgedeckt hatte, ging er wortlos, wie er gekommen war.

Hans fuhr fort: „Wie gesagt, all das, was ich eben erwähnt habe und worüber Du Dich lange Zeit zu Recht beschwert hast, kann und werde ich verändern, allerdings ist das nur eine Arbeit am Symptom. Das darunter liegende Problem ist größer und um das zu lösen, werde ich sicher auch deine Hilfe brauchen."

Barbara hörte ihm ruhig und aufmerksam zu.

„Alles hat damit zu tun, dass ich mit meiner neuen Freiheit nichts anfangen kann und keine Rolle finde, in der ich mich wohl fühle und einen Beitrag leisten kann. In meiner Berufswelt war ich immer ein Reagierer. Die Kunden und Mitarbeiter sind zu mir gekommen, wenn sie nicht weiter wussten und ich habe in aller Regel helfen können. Das hat mir Respekt und Einfluss eingebracht und ich fühlte mich gebraucht. Wenn ich abends nach Hause kam, oft müde und ausgelaugt, hatte ich das Gefühl, meinen Mann gestanden und etwas bewirkt zu haben. Die Entspannung danach, mit der Familie, mit Freunden, bei einem Glas Wein oder einem kulturellen Event, rundete den Tag ab. Ich hatte mir das im wahrsten Sinne des Wortes verdient. Rückblickend ein traumhaftes Leben.

Heute liegen die Dinge anders. Heute fragt keiner mehr nach meiner Meinung, braucht niemand mehr meinen Rat oder meine Hilfe. Ob ich existiere oder nicht, interessiert keinen alten Hund. Fragen nach meinen Inhalten kommen meist augenzwinkernd und mit dem Nachsatz, dass der Fragesteller es auch einmal so schön haben möchte wie ich und den Herrgott einen guten Mann sein lassen wolle. Über mehr gehen Unterhaltungen oft nicht hinaus.

Dabei fühle ich mich weder alt noch verblödet. Ich bin schließlich derselbe, der ich vor meiner Freistellung war, nur ohne berufliche Inhalte und Anforderungen. Doch nur zu sein reicht mir nicht und ich fühle mich zu jung, um durch Kaufhäuser zu stromern und in Massagesesseln abzuhängen. Das ist es, wo mein Schmerz begraben liegt und an der Stelle suche ich händeringend nach einem Lösungsansatz. Kannst Du das nachvollziehen?"

Barbara nickte und sagte: „Ich weiß genau, wovon Du redest, und mir ist dieses Thema nicht fremd. Als ich vor Jahren wegen Stefanie meinen Beruf ruhen ließ, glaubte ich erst, dass mich das voll in Anspruch nehmen würde, und ich möchte diese Zeit nicht missen. Aber als sie in die Schule kam und ich immer länger allein war, mit einem Berg Wäsche, mit zu putzenden Fenstern, mit einem wuchernden Garten, fragte ich mich oft, ob es das war, was ich vom Leben gewollt hatte. Und dann machte ich mir klar, dass ich das alles für uns tat und dass es deswegen sehr wohl sinnvoll war. Ich habe verstanden, dass alles seine Zeit hat und dass es nur darauf ankommt, das, was man tut, mit ganzer Hingabe zu tun.

116

Der Unterschied zu deinem heutigen Zustand ist allerdings, dass ich etwas tun musste, das ohne mich niemand getan hätte. Ich hatte gar keine Wahl. Du hingegen bist frei, doch Du weißt nicht umzugehen mit dieser Freiheit. Das ist dein Dilemma.

Nichtsdestotrotz musst Du da durch, ob es Dir gefällt oder nicht. Wenn Du diese Engstelle nicht bewältigst, treibst Du ab und landest in einer Situation, die Du nicht mögen wirst."

„Und", fragte Hans, „was würdest Du an meiner Stelle tun? Hast Du darauf auch eine Antwort?"

Er klang verärgert, weil er glaubte, Barbara mache sich die Sache zu einfach.

„Von außen betrachtet", sagte Barbara, „unterscheidet sich diese Herausforderung nicht von denen, die Du bisher bewältigen musstest. Du wirst nicht umhin kommen, deine Sachlage zu analysieren, deine Wunschszenarien zu definieren und Dich über mögliche Lösungswege schlau zu machen."

„Wie scharfsinnig Du sein kannst". Hans war genervt. „Wenn es sonst nichts ist, kann ich ja morgen gleich damit anfangen."

Während er das sagte, goss er aufgeregt den Rest der ersten Flasche Wein in die Gläser und machte sich auf die Suche nach Gino, um eine weitere zu bestellen.

Barbara bewahrte Ruhe.

„Du musst nicht beleidigt sein wegen meiner

Wortwahl", sagte sie, als Hans wieder zurückkam, „aber Du siehst doch selber, dass das der einzige Weg ist und dass kein anderer als Du diesen Weg gehen kann. Wenn die Angebote zur Teilhabe, die von außen an Dich herangetragen werden, nicht deinen Vorstellungen entsprechen, musst Du Dir eben Aufgaben suchen, die das tun. Wenn Du willst, mache ich Dir gerne den Sparringspartner bei deinen Überlegungen."

Das war zu viel für Hans.

„Ich danke Dir sehr für dein großzügiges Entgegenkommen, aber ich schaffe das alleine", gab er trotzig zurück. „Sobald ich mein Ei gelegt habe, werde ich es Dich wissen lassen."

„Hans, das ist kein Grund, eingeschnappt zu sein", sagte Barbara. „Ich habe eine lange Fahrt hinter mir und zwei anstrengende Tage bei meiner Schwester. Habe bitte etwas Geduld mit mir und nimm einfach zur Kenntnis, dass ich Dich verstehe und Dir helfen möchte, vorausgesetzt Du lässt mich. Mehr ist da nicht und wenn Du über das, was ich gesagt habe, in Ruhe nachdenkst, wirst Du zu keinem anderen Schluss kommen."

„Möglich", sagte Hans, immer noch reserviert, „aber lass uns jetzt von was anderem reden. Wie war es bei deiner Schwester? Wie geht es ihr?"

Er hatte keine Lust, sein Elend weiter auszubreiten, und auch Barbara war froh um diese Gesprächswendung. Sie erzählte ihm von den Leviten, die ihre Schwester ihr gelesen hatte, vom Grabbesuch beim Schwager und von ihrer Überzeugung, dass es sich lohnt, für ihr gemeinsames Leben zu kämpfen.

„Weißt Du", sagte sie, „auch meine Kräfte lassen nach. Ich bin nicht mehr die junge Frau von früher, die alle Anforderungen des Lebens einfach so wegsteckt. Die Veränderung hat mit den Wechseljahren begonnen und jetzt macht mir zunehmend das Älterwerden zu schaffen. Ich sehe, wie mein Körper abbaut, wie mein Mut mich ab und an verlässt und ich suche mehr denn je nach Anerkennung in deinen Augen. Ich sehne mich danach, von Dir gesehen zu werden."

Barbara holte tief Luft und fuhr fort: „Wenn ich mit meinen Freundinnen oder mit wildfremden Frauen rede und die mir ihr Leid klagen, laufe ich über vor guten Ratschlägen. Jede muss den Eindruck bekommen, dass ich souverän über den Dingen stehe, aber die Wirklichkeit ist eine andere. Tatsächlich habe ich Angst und empfinde eine Unsicherheit, die ich früher nicht gekannt habe. Da wäre es schon hilfreich, wenn ich mich manchmal bei Dir anlehnen und mich fallen lassen könnte. Doch das war in den letzten Monaten nicht möglich, weil Du nur mit deinem Elend und dem der ganzen Welt beschäftigt warst."

Barbara kämpfte mit den Tränen. Hans hatte, während sie sprach, ihre Hand gehalten. Er schämte

sich auf einmal für seine Ignoranz und sein Selbst-
mitleid. Dann nahm er beide Hände seiner Frau und
sah ihr in die Augen.

„Lass uns nochmal von vorne anfangen", sagte er.
„Jeder von uns muss seinen Weg gehen und keiner
kann das dem anderen abnehmen, aber ich kann def-
nitiv besser werden, wenn es darum geht, für Dich
da zu sein, Dir zuzuhören und Dir Raum zu geben,
wenn Du das brauchst."

Barbara traute ihren Ohren nicht. War das wirk-
lich der Mann, vor dem sie noch vor wenigen Tagen
fliehen wollte? Irgendetwas in ihrer Argumentation
schien ihn erreicht zu haben. Sie spürte, dass ihm
ernsthaft daran gelegen war, die Scharte wieder aus-
zuwetzen und sie konnte fühlen, dass sie ihm nicht
gleichgültig war.

„Hans, es tut gut zu hören, dass Du so denkst. Ich
sehe die Dinge wie Du", hörte sie sich sagen. „Was
hältst Du davon, wenn wir uns in der nächsten Zeit
am Ende eines jeden Tages zusammensetzen, so wie
wir das am Anfang unserer Ehe oft gemacht haben
und uns gegenseitig auf den neuesten Stand bringen,
was wir herausgefunden und erlebt haben. Das ord-
net die eigenen Gedanken und wir verlieren uns ge-
genseitig nicht aus den Augen."

Hans nickte. Das war ein guter Plan. Er hob das
Glas auf seine Frau und sagte: „Ich bin sehr dankbar,
dass es Dich gibt. So kann es vielleicht funktionieren."

„So *wird* das funktionieren, Du alter Zweifler", sagte Barbara und hob ebenfalls das Glas. „Komm, steh auf und lass Dich einmal umarmen. Wir haben jetzt lange genug auf sachlich gemacht. Ich möchte Dich spüren."

„Lass uns nach Hause gehen", sagte Hans, als er sich wieder von ihr gelöst hatte. „Wir haben eine sturmfreie, geheizte Bude. Keine Eltern, kein Kind. Nur wir zwei."

Sie lachten. Hans fand seine Frau auf einmal umwerfend attraktiv. Wo hatte er nur seine Augen gehabt in den letzten Monaten?

8

Als Hans am nächsten Morgen aufwachte, war Barbara bereits in der Küche aktiv. Seinen guten Vorsätzen folgend, machte er sich gleich auf den Weg ins Bad. Kurz darauf begrüßte er seine Frau mit einem freundlichen Gesicht. An den Füßen trug er neue Hausschuhe, über den brandneuen Jeans hing lässig ein schickes Flanellhemd; allesamt Neuerwerbungen vom Tag zuvor. Barbara gefiel, was sie sah.

„Wohnen Sie hier?", fragte sie. „Mein Mann müsste jeden Moment erscheinen und der würde Ihre Anwesenheit sicher nicht gutheißen."

„Ich bin ein kräftiger Bengel", sagte Hans. „Ich kann mich wehren."

Sie lachten.

Draußen schien bereits die Sonne und am Himmel stand keine einzige Wolke.

„Alles deutet darauf hin, dass es ein guter Tag wird", sagte Hans.

In Gedanken ging er noch einmal die To-Do-Liste durch, die er in der Nacht vor Barbaras Rückkehr zusammengestellt hatte. Erst stand der Weg zum Baumarkt auf dem Programm – er wollte ein Regal für den Keller kaufen – und anschließend galt es, im Büro klar Schiff zu machen. Der Raum glich einer Müllhalde.

„Komm, mein Großer", sagte Barbara. „Du

brauchst jetzt ein kräftiges Frühstück. Sonst reicht Dir die Kraft nicht für deine Taten."

Das Gespräch am Frühstückstisch drehte sich einmal mehr um Barbaras Besuch bei ihrer Schwester und die beiden besprachen ihre Pläne für den Tag. Die Nachrichtenlage über das Böse in der Welt wurde mit keinem Wort erwähnt. Hans hatte es tatsächlich geschafft, den Tag zu beginnen, ohne einen Blick auf die News im Internet zu werfen.

Eine ungewohnte Situation.

Beide spürten die Veränderung, aber keiner wollte darüber sprechen. Noch stand da ein Pflänzchen im Raum, das verletzbar war und viel Schutz und Liebe brauchte, um zu überleben.

Eine Woche später stand im Keller ein neues Regal, und Hans´ Arbeitszimmer wirkte luftig und einladend nach dem Großeinsatz. Morgens kam er besser in die Gänge, abends war er müde und mit sich zufrieden. Die Arbeit hatte ihn von seinem ständigen Grübeln abgelenkt.

Doch dann war er da, der Tag, an dem er sein eigentliches Problem nicht länger aufschieben konnte. Die Liste der zu erledigenden Aufgaben war abgehakt und Hans machte sich an seinen Plan, die Zukunft betreffend. Wie zu seinen aktiven Zeiten, analysierte er seine Situation. Er machte eine Aufstellung seiner Stärken und Schwächen, seiner beruflichen Erfolge und Misserfolge, und er ging weit in der Zeit zurück, um nach seinen früheren Träumen zu suchen.

„Du solltest noch einen weiteren Punkt anfügen", sagte Barbara, nachdem sie die Auflistung am Abend besprochen hatten, „nämlich, welche deiner bisherigen Tätigkeiten Dir am meisten Spaß gemacht haben."

„Du hast recht", sagte Hans. „Den Faktor Freude habe ich noch nicht berücksichtigt."

Am Tag darauf war alles glasklar. Es hatte sich herauskristallisiert, dass Hans in seinem Berufsleben als Banker am liebsten mit Firmengründungen befasst war. Zum einen faszinierten ihn die optimistischen Businesspläne und die Begeisterung der angehenden Unternehmer für ihre Sache, zum anderen konnte er dabei mit seiner jahrelangen Erfahrung einen essentiellen Beitrag leisten und das Engagement der Gründer mit seinem Know-how ergänzen. Lediglich die konservativen Bewertungsansätze der Bank waren ihm seinerzeit ein Dorn im Auge gewesen, da die Einschätzung einer Idee nach ihrem Geschäftspotential natürlich andere Überlegungen erforderte als die Bewertung eines Gläubigers nach seinem Vermögensstand und seiner geschäftlichen Erfolgshistorie. Risikokapitalgeber, wie er sie von seinen amerikanischen Kontakten her kannte, hatten hier freiere Hand und einen gänzlich anderen Blickwinkel in der Beurteilung der Geschäftschancen.

Ein Manko, das ins Auge fiel, war die Tatsache,

dass Hans sein Wissen über kulturelle, gesellschaftliche und politische Entwicklungen während der letzten Jahre sträflich vernachlässigt hatte. Lediglich an der Oberfläche hatte er sich mittels Tageszeitungen und Internet News über das aktuelle Geschehen informiert, aber nie hatte er Zeit gefunden, sich eingehender mit Themen zu befassen, die dabei waren, die Gesellschaft nachhaltig zu verändern.

Besonders bewusst wurde ihm dieser Umstand erst vor wenigen Wochen, als er über einen Zeitungsartikel mit dem Thema Bedingungsloses Grundeinkommen konfrontiert wurde. Hintergrund der Debatte war der zunehmende Einsatz von Robotern in Industrie und Dienstleistung und die damit einhergehende Veränderung der Arbeitswelt. Bei dieser Lektüre wurde Hans deutlich, wie wenig er wusste von der rasend schnell voranschreitenden Bewusstseinsveränderung in der Geschäfts- und Arbeitswelt und wie wenig er ahnte von den bevorstehenden Umwälzungen in der Gesellschaft.

Zeit seines Lebens war er darauf getrimmt, mit seinem Beruf für die Existenz seiner Familie zu sorgen und entsprechend bedeutete Weiterbildung vor allem Ausbau seiner fachlichen Kompetenz. Das Bankgewerbe hatte sich in seinen aktiven Jahren dramatisch verändert und es bedurfte seiner ganzen Zeit und Energie, da mithalten zu können.

Wieder besprach er seine Gedanken mit Barbara

und sie diskutierten darüber, wie sich diese Erkenntnisse für Hans in tragfähige Inhalte umformen ließen.

Seine Wissensdefizite zu gesellschaftspolitischen Themen konnte er über das Internet, einschlägige Literatur und Diskussionsrunden in Angriff nehmen. Vortragsreihen in Wien und München boten dazu eine Vielzahl von Möglichkeiten und die Landesbibliothek verfügte über ein riesiges Spektrum einschlägiger Literatur.

Nicht klar war ihm dagegen, wie er konkret seine Erfahrungen aus Firmengründungen einsetzen und für sich nutzen könnte.

„Vielleicht redest Du einmal mit deinen ehemaligen Kollegen von der Bank, inwieweit sich die Möglichkeit einer Zusammenarbeit auf freier Basis ergeben könnte", meinte Barbara.

Hans winkte ab. „Das halte ich für keinen guten Einfall. Für diese Leute bin ich eine *lame duck*, ein abgehalfterter Ex-Kollege, und auch im Erfolgsfall würde ich bestenfalls meine Berufszeit weiter hinaus dehnen, um dann ein paar Jahre später wieder an der gleichen Stelle zu stehen wie heute.

Der Ansatz muss ein anderer sein, mehr der eines Business Angels oder eines Beraters, der Ideen und Geld in Fällen zusammenbringt, die für normale Banken nicht attraktiv sind. Vielleicht sollte ich mit Frank Taler einmal Kontakt aufnehmen. Er holt seit Jahren junge amerikanische Unternehmen nach Europa und entlässt sie, sobald sie flügge sind, in die Freiheit."

„Und was könnte deine Rolle dabei sein?", fragte Barbara.

„Möglicherweise Hilfestellung bei der Anschluss-finanzierung, nach ihrem Übergang in die Freiheit. Frank besetzt die Managementpositionen und ich könnte einen Pool aus Banken und freien Geldgebern ins Leben rufen und moderieren, der sich, ähnlich den amerikanischen Modellen, hier einbringt."

Barbara konnte ihren Mann wieder sehen, der er früher einmal war. Alles, was er sagte, klang plausibel und er blühte auf, wenn er diese Gedanken vor ihr ausbreitete.

„Einen Anruf bei Frank ist es auf jeden Fall wert", sagte sie. „Ich finde die Idee begeisternd. Und wenn er nicht anbeißt, gibt es sicher noch andere Wege, um deine diesbezüglichen Erfahrungen einzubringen."

„Ich werde jetzt einen Schritt nach dem anderen tun", sagte Hans. Ihm gefiel die Vorstellung. Auch er witterte Morgenluft.

„Gleich morgen früh rufe ich ihn an", sagte er, „und jetzt gehen wir zu Gino und feiern diese Etappe. Ich habe einen Bärenhunger."

Es fühlte sich an wie ein Neuanfang.

9

Hans hatte gleich am nächsten Tag versucht, Taler zu erreichen, doch die Sekretärin musste ihn vertrösten.

„Frank ist frühestens in drei Wochen wieder im Lande", sagte sie. „Er ist zurzeit auf einer Investorenkonferenz in San Diego und besucht anschließend einige neue Start-Ups im Norden von Kalifornien. Wenn es sehr dringend ist, erreichen Sie ihn per Mail."

„Es ist kein Notfall", sagte Hans und versuchte, seine Enttäuschung zu überspielen. „Richten Sie Frank bitte aus, Hans Badstuber hätte angerufen und würde sich gerne mit ihm zum Essen verabreden. Er soll sich einfach kurz melden."

„Das mache ich gerne", sagte die Frau mit geschäftsmäßiger Freundlichkeit und legte auf.

„Sei nicht frustriert, wenn die Dinge nicht gleich so laufen, wie Du Dir das vorgestellt hast", sagte Barbara, als er ihr von dem Telefonat berichtete. „Dann dauert es eben noch drei Wochen, bis Du Klarheit hast. Du kannst Dir ja zwischenzeitlich überlegen, wie genau eine Zusammenarbeit aus deiner Sicht aussehen könnte."

Hans murmelte etwas Unverständliches und griff nach seiner Jacke. Eine Runde am See würde ihm sicher dabei helfen, einen klaren Kopf zu bekommen. Gerade als die Tür hinter ihm ins Schloss gefallen war, ging das Telefon. Peter war am Apparat.

„Er hat sich vor zwei Minuten auf den Weg in die Mehrerau gemacht", sagte Barbara. „Wenn Du Dich beeilst, kannst Du ihn noch erwischen. Bestimmt würde es ihm gefallen, wenn Du ihn auf seiner Runde begleiten würdest."

Peter wusste, wo er suchen musste. Den Weg vom Kloster am See entlang bis zur Achmündung waren sie schon früher oft zusammen gegangen und hatten dabei viele Themen gewälzt. Kurz vor dem Yachthafen hatte er ihn eingeholt. Hans freute sich über die Überraschung.

„Ich wollte nur mal sehen, wie es Dir geht, jetzt, wo Barbara wieder da ist", eröffnete Peter das Gespräch. „Und ich wollte mich entschuldigen, weil ich Dich neulich im Hirschen vielleicht doch etwas zu direkt angegangen bin."

„Das ist schon in Ordnung", sagte Hans. „Im Moment scheinen bei uns beiden die Nerven blank zu liegen. Vielleicht sollten wir einfach wieder öfter miteinander reden. Das hat früher auch geholfen, wenn sich einer von uns verlaufen hat."

Hans erzählte Peter von seinen Überlegungen, seine Zukunft betreffend und von seinem Plan, den er mit Frank besprechen wollte. Peter hörte aufmerksam zu und sagte zunächst gar nichts. Er wollte seinem Freund nicht ins Wort fallen.

„Und, wie findest Du die Idee?", fragte Hans.

„Interessant", sagte Peter nach einer kurzen Pause.

„Das klingt nicht nach Begeisterung", sagte Hans.

„Begeisterung wäre das falsche Wort", sagte Peter. „Wenn Du eine Verlängerung deiner bisherigen Tätigkeit in einem anderen Umfeld anstrebst, ist dein Ansatz zweifelsohne zielführend, und das Problem mit deiner neu gewonnenen Freiheit hättest Du auch gelöst. Du wärst aufgeräumt und weg von der Straße."

Zynismus klang durch.

Die beiden liefen eine Zeit lang schweigend nebeneinander her.

„Hast Du eine bessere Idee?", nahm Hans den Faden wieder auf.

„Eine andere vielleicht", sagte Peter, „eine, die unserem Alter und unserer Lebenssituation eher gerecht würde."

„Na, dann lass mal hören."

Peter sagte: „Ich bin neulich auf eine Bewegung aufmerksam geworden, die sich mit dem Leben von Flüchtlingen bei uns im Lande befasst, einem Thema, das mich bis vor Kurzem nicht wirklich erreicht hat. Genau genommen habe ich um diesbezügliche Gespräche immer einen weiten Bogen gemacht. Erst nach der Teilnahme an einer Demonstration in Hohenems bin ich ins Nachdenken gekommen."

„Was hat denn das mit meinem Thema zu tun?",

fragte Hans irritiert.

„Nicht viel und alles", meinte Peter. „Erinnerst Du Dich noch an unsere Diskussionen, die wir vor vierzig Jahren als Studenten in Innsbruck führten? Wir vertraten beide die Theorie, dass es im Leben darum geht, sich mit dem, was wir in die Wiege gelegt bekommen haben, mit den eigenen Fähigkeiten und Leidenschaften, in der Gemeinschaft einzubringen und daran zu wachsen. In diesem Zusammenhang hast Du dann immer das Gleichnis von den anvertrauten Talenten aus dem Matthäus Evangelium zitiert und die weiblichen Zuhörer mit deinen vermeintlichen Bibelkenntnissen zu beeindrucken versucht."

Peter lachte. Hans ging nicht auf die Spitze ein.

„Aber dem widersprechen meine Gedanken doch nicht", verteidigte er seinen Plan.

„Nein, das tun sie nicht", sagte Peter, „doch für das, was Du vorhast, gibt es eine Vielzahl anderer, guter und engagierter Leute. Leute, die noch im Saft stehen, ihre Karriere erst vor sich haben und Geld verdienen müssen."

„Und was ist falsch daran?", fragte Hans.

„Nichts, außer der Tatsache, dass wir Zeit und Geld haben, dass unsere Karriere hinter uns liegt und wir jetzt die Möglichkeit hätten, uns für Leute einzusetzen, die ihr Leben nicht aus eigener Kraft geregelt bekommen, solche, die keine Lobby und kein Geld haben."

„Und deswegen gehst Du auf diese Demos und diskutierst mit wildfremden Menschen darüber, was in der Politik und in der Gesellschaft falsch läuft? Glaubst Du wirklich, dass Du die Welt damit veränderst, so wie wir das früher einmal wollten?"

„Das einzige was ich glaube, ist, dass wir ein neues Bewusstsein in der Gesellschaft brauchen, eines, das nicht von Angst und Besitzstandsdenke geprägt ist, sondern denjenigen, die anders und schwach sind, offen und mitfühlend begegnet. Wenn wir in der öffentlichen Diskussion zu diesem Thema mit unserer Meinung hinter dem Berg halten, werden wir zu stillen Duldern eines zunehmend entmenschlichten Systems, das nur auf Spaltung setzt und alles Gemeinsame und Solidarische erstickt."

Peter hatte sich in Rage geredet und Hans fühlte sich zurückversetzt in die Anfänge ihrer gemeinsamen Zeit. Er, der immer pragmatische, auf konkrete Ergebnisse fokussierte Macher und Peter, der Träumer, der junge Mann, der an eine bessere Welt, an einen besseren Menschen und an ein bessere Gesellschaftsordnung glaubte. Ganz offensichtlich waren sie beide ihrer Persönlichkeit über all die Jahre treu geblieben.

„Und was genau willst Du tun für diese armen Teufel?", fragte Hans.

„Ich habe keine Ahnung", sagte Peter. „Dafür ist

das Thema zu neu für mich. Sobald ich mir ein Bild gemacht habe von den anstehenden Aufgaben, werde ich mit den maßgeblichen Akteuren reden und meinen potentiellen Beitrag ausloten."

Hans fühlte sich überfordert bei dem Gedanken. Zwar sah er durchaus die Not dieser Gestrandeten, doch die Vorstellung, sich persönlich einzubringen, lag außerhalb seiner Reichweite. Zum einen hatte er keine Idee, was er mit seinem beruflichen Hintergrund an sinnvoller Hilfe leisten könnte, zum anderen haderte er mit den Verursachern dieser Misere, die in ihrer Machtbesessenheit und Gier keinen Finger rührten, um die humanitäre Tragödie vor Ort zu beenden, da, wo diese Menschen ihre Heimat hatten. Wie schon früher war ihm alles suspekt, was er nicht direkt beeinflussen und kontrollieren konnte. Peter hingegen konnte endlos über Missstände philosophieren, über das, was in Politik, Wirtschaft und Gesellschaft seiner Meinung nach anders laufen sollte. Ihm ging es in erster Linie darum, eine möglichst breite Öffentlichkeit für die Probleme zu sensibilisieren und dadurch „eine Veränderung von innen her anzustoßen", wie er immer sagte.

„Ich finde deinen Ansatz beachtenswert", sagte Hans, „und ich bin gespannt, was Du mir erzählen wirst über die weitere Entwicklung. Aber ich werde nicht an deiner Seite kämpfen. Ich kann das genau so wenig, wie ich Dir früher in deine Träume, den Sozialismus betreffend, folgen konnte. Allerdings muss ich Dir beipflichten, wenn es um die Notwendigkeit und den Sinn einer Bewusstseinsveränderung in der Gesellschaft geht. Ich kann erkennen, dass die derzeitige Stimmung diesen Menschen gegenüber kontraproduktiv und zersetzend ist. Ich verstehe, dass wir eine neue Politik mit Konzepten brauchen, die eine sinnvolle Integration möglich machen. Und ich kann an mir selbst erkennen, dass die Angst um den eigenen Wohlstand und die bisher gefühlte Sicherheit im öffentlichen Raum mich eng macht im Kopf und mir manchmal die Freude am Leben nimmt. In diesem Punkt sind wir Älteren schlechte Vorbilder für die Jungen, die mit dem Thema offener und unbeschwerter umgehen als wir. Darüber werde ich nachdenken und mir eine Meinung bilden, die ich auch vertreten werde. Sonst laufe ich Gefahr, mit meinem Schweigen den falschen Leuten die Stimme und das Gestalten zu überlassen."

„Wenn wir diese Einstellung bei allen Leuten erreichen könnten, wären wir schon einen großen Schritt weiter", sagte Peter.

Hans schwieg. In seinem Kopf überschlugen sich die Gedanken. War er ein Ignorant? Warum fühlte er nicht so wie Peter, wenn er vom Leid dieser Menschen las oder hörte? Warum spürte er keine Bereitschaft, sich einzubringen und für ein besseres Leben dieser Leute zu kämpfen? Was war falsch mit ihm?

Peter riss ihn aus seinen Grübeleien.

„Hans, ich habe Dich immer bewundert für deine zupackende Art, dafür, wie Du jedes Problem offen und angstfrei angegangen bist und es mit deinem Sachverstand gelöst hast. Du hast nie ein großes Aufhebens darum gemacht, wenn Du geholfen hast, und die Frage, was das für die ganze Welt bedeutet, hat sich Dir nie gestellt.

Mir war das zu wenig. Ich wollte immer das große Ganze, wie du weißt. Wenn ich heute zurückblicke, meine ich, dass Du mehr in der Welt verändert hast als ich. Man wird darüber nichts lesen in den Geschichtsbüchern, aber viele Menschen, denen Du geholfen hast, werden Dir für immer dankbar sein. Dankbar dafür, dass Du *ihre* Welt verändert und *ihrem* Leben eine neue Richtung gegeben hast.

Ich möchte unser beider Ansätze nicht gegeneinander aufwiegen. Jeder tut das, was er kann. Aber ich möchte einen Gedanken anfügen, der mir bei allem bewunderten Pragmatismus wichtig erscheint."

„Und, der wäre?", fragte Hans.

„Warum wechselst Du nicht die Seiten", fuhr Peter fort, „und hilfst mit deinem Fachwissen Leuten, die straucheln oder aus dem System gefallen sind? Dabei schweben mir Inhaber kleiner oder mittelständischer Unternehmen vor, die, aus welchen Gründen auch immer, von der Insolvenz bedroht sind oder junge, unerfahrene Firmengründer, die vor lauter Enthusiasmus ganz übersehen, dass sie kurz davor sind, sich eigenhändig in der Wachstumsfalle zu strangulieren. Auch private Schuldnerberatungen suchen händeringend nach Ehrenamtlichen mit deiner Expertise in Geldangelegenheiten. Das Feld der Möglichkeiten ist riesig. Warum teilst Du nicht deine Jahrzehnte lange Erfahrung mit denen, die sich keinen Unternehmensberater und keinen Coach leisten können? Deren Welt könntest Du in einem Maße verändern, das die sich nicht einmal erträumen können. Warum bist Du nicht die Erde für diese gefährdeten Arten und lässt sie wachsen, während Du langsam weniger wirst und irgendwann zur Ruhe findest?"

Peters Worte erreichten Hans mit voller Wucht. Das war das Puzzlestück, das ihm noch gefehlt hatte. Er musste die Seiten wechseln. Dann würde sein Ansatz Sinn machen.

Für die jungen, frischgebackenen Unternehmer, die nur schnelles Wachstum im Auge hatten, wäre er bald ein alter Mann, ein Auslaufmodell, dessen Aussagen schon allein deshalb hinterfragt würden, weil er seine Erfahrungen in einer Zeit gemacht hatte, als seine Klienten vielleicht noch Kinder oder noch gar nicht geboren waren.

Die schlingernden oder gestrandeten Menschen und Betriebe hingegen hatten existentielle Nöte, die schnell einer pragmatischen Lösung bedurften und die nicht die Person oder das Alter des Problemlösers hinterfragten. Diese Menschen brauchten Helfer mit Erfahrung, Netzwerken und dem nötigen Überblick. Dass sie für diese Leistung im ersten Anlauf nur wenig oder gar nichts bezahlen konnten, war dabei ohne Belang. Hans war nicht auf der Suche nach dem schnellen Geld, sondern nach Sinn. Und den würde ihm die Auseinandersetzung mit dieser Art von Herausforderungen schenken.

Jeden Tag.

Er blieb stehen und legte seinem Freund die Hand auf die Schulter.

„Danke", sagte er, „danke, dass Du mir die Augen geöffnet hast."

„Ich habe das gerne getan", sagte Peter verlegen, und um von sich abzulenken, fragte er: „Wirst Du nicht zu Hause erwartet? Es ist schon nach eins."

„Doch", sagte Hans, „es wird Zeit. Barbara wollte heute ein neues Rezept für eine französische Fischsuppe ausprobieren. Was hast Du eigentlich noch vor?"

„Was wohl?" Peter lächelte und zog die Schultern hoch.

Hans wählte Barbaras Nummer.

„Liebes", sagte er, „ich bin's. Leg bitte ein weiteres Gedeck auf. Ich bringe hohen Besuch mit."

Es war fast so wie früher. Nur vierzig Jahre später.

Gerhard Burtscher, ein gebürtiger Österreicher, hat über dreißig Jahre in München gelebt und gearbeitet. Auf dem Höhepunkt einer Bilderbuchkarriere als Manager deutscher und amerikanischer IT-Unternehmen, zwingt ihn eine Lebenskrise, eine Alternative zu seinem „Leben im Laufrad" zu suchen. Es ist ein Weckruf, der alle bisherigen Werte in Frage und sein Leben auf den Kopf stellt.

Er steigt aus und gründet eine Marketingagentur, die sich auf die Bedürfnisse inhabergeführter Unternehmen fokussiert. Der Erfolg dieser Idee ermöglicht ihm die Rückkehr in seine alte Heimat und die dringend notwendige Entschleunigung.

2014 folgt der Entschluss, sich fortan ganz dem Schreiben zu widmen. Mit „Zälfabüabli - Eine Kindheit in Tschagguns" liefert er im gleichen Jahr sein Debut als Buchautor. „Berührungen - Ein Vollbad für die wunde Seele" ist 2016 erschienen. 2017 folgte „Männer im Herbst", Geschichten von Lichtblicken im Leben alternder Knaben.

www.gerhard-burtscher.at

„Männer im Herbst - Von Lichtblicken im Leben alternder Knaben"

Geschichten von Männern, alle jenseits der Sechzig. Nicht mehr ganz frisch, aber immer noch gut. Im Kampf mit dem Ruhestand, dem Nichtmehrgebrauchtwerden, ihrer Einsamkeit und ihren Ängsten. Sie hadern, klagen an, leisten Widerstand.

Doch dann lehrt sie ein Zufall, eine Begegnung, dass die Dinge nicht schlechter, nur anders geworden sind. Dass auch in ihrem Leben noch Raum ist für Glück. Dass ihre Zeit noch lange nicht gekommen ist. Dass es halt Herbst ist und nicht mehr Frühling.

Und plötzlich erkennen sie den Reichtum dieser ganz besonderen Zeit.

2017, 180S., Gebunden, ISBN 978 374 481 108 8

Broschiert, ISBN 978 374 319 161 7

E-Book, ISBN 978 374 486 617 0

BoD - Books on Demand, Norderstedt

„Berührungen - Ein Vollbad für die wunde Seele"

Gerhard Burtscher malt mit seinen Worten Bilder für Menschen, die „etwas Licht gut gebrauchen können", wie er sagt. Mit seinen Geschichten, Gedichten und Miniaturen trifft er mitten ins Herz.

Sie erzählen vom Heranwachsen, von Liebe und Leidenschaft, von Vertrauen, vom Älterwerden und vom Tod. Offen spricht er über seinen langen Weg zurück zu sich selbst und das Alter als Chance für einen Neuanfang. Es ist kleine Literatur für die Pause zwischendurch, zum Abschalten, zum Gesundwerden, zum Nachdenken, Lachen oder Weinen. Ein Buch, das Hoffnung macht, wenn einem die Zuversicht auf dem Weg einmal abhandengekommen ist.

2016, 120S., Gebunden, ISBN 978-3-8370-7671-4

Broschiert, ISBN 978-3-8370-8106-0

E-Book, ISBN 978-3-7412-1855-2

BoD - Books on Demand, Norderstedt

„Zälfabüabli - Eine Kindheit in Tschagguns"

Kindheit als Sehnsuchtsort, als Maßstab für richtig und falsch, als fester Punkt, nach dem man manchmal Heimweh hat, wenn einen die Unwägbarkeiten des Lebens einmal an die Grenze führen.

Gerhard Burtscher schreibt mit diesem Buch eine Liebeserklärung an seinen Heimatort Tschagguns und seine Nachbarn von damals. Die beeindruckenden Bilder und die Geschichten, die er erzählt, haben all die Jahre im Ausland in seinem Herzen überdauert und sind frisch wie eben erlebt.

Es ist eine gefühlvolle und kurzweilige Lektüre, die die Leserin/den Leser behutsam mit der eigenen Kindheit in Berührung bringt und längst verloren geglaubte Erinnerungen wieder wachruft.

2014, Gebunden, 96 S., Farbdruck, reich illustriert.

ISBN 978-3-200-03668-0

Bezugsquellen unter: ***www.gerhard-burtscher.at***